Caro Michele

N. Ginzburg

Caro Michele

tradução Homero Freitas de Andrade

Natalia Ginzburg

COSACNAIFY

1

Uma mulher chamada Adriana levantou-se em sua nova casa. Nevava. Era o dia de seu aniversário. Tinha quarenta e três anos. A casa ficava em pleno campo. Ao longe via-se o povoado, situado no topo de uma pequena colina. O povoado ficava a dois quilômetros. A cidade ficava a quinze quilômetros. Fazia dez dias que ela morava naquela casa. Vestiu um penhoar de lã cor de tabaco. Enfiou os pés compridos e magros num par de chinelos cor de tabaco, desbeiçados, com uma borda branca de pele muito puída e suja. Desceu à cozinha, preparou uma xícara de cevada Bimbo e molhou nela vários biscoitos. Em cima da mesa havia cascas de maçã, que juntou num jornal, destinando-as aos coelhos que ainda não tinha, mas esperava ter, porque haviam sido prometidos pelo leiteiro. Depois, foi à sala de estar e escancarou as persianas. No espelho que ficava atrás do sofá saudou e contemplou seu porte elevado, os curtos e ondulados cabelos cor de cobre, a cabeça pequena e o pescoço longo e forte, os olhos verdes, grandes e tristes. Depois, sentou-se à escrivaninha e escreveu uma carta ao seu único filho homem.

"Caro Michele", escreveu, "escrevo-lhe principalmente para dizer que seu pai está mal. Vá visitá-lo. Diz que não o vê há muitos dias. Eu fui vê-lo ontem. Era a primeira quinta-feira do mês. Esperava-o no Canova[1] e lá recebi o telefonema do criado que ele estava mal. Então subi. Estava acamado. Achei-o muito abatido. Tem bolsas embaixo dos olhos e uma cor ruim. Sente dores na boca do estômago. Não come mais nada. Naturalmente continua a fumar.

Quando for visitá-lo, não leve para lá os seus costumeiros vinte e cinco pares de meias sujas. O tal criado, que se chama Enrico ou Federico, não me lembro, não tem condições de arcar com sua roupa de baixo suja neste momento. Anda desligado e aturdido. Não dorme à noite porque seu pai chama. Além disso, é a primeira vez que serve de criado, porque antes trabalhava numa autoelétrica. Além disso, é um perfeito idiota.

Se tiver muita roupa de baixo suja, traga-a para minha casa. Tenho uma empregada que se chama Cloti. Veio há cinco dias. Não é simpática. Como anda sempre carrancuda, e a situação com ela já está periclitante, se você chegar aqui com uma mala de roupa para lavar e passar não vou me importar muito, então pode trazer. Lembro-lhe, porém, que também existem boas lavanderias ali perto do porão onde você mora. E você já tem idade para cuidar de si mesmo sozinho. Daqui a pouco fará vinte e dois anos. A propósito, hoje é o meu aniversário. As gêmeas deram-me chinelos de presente. Porém, eu sou muito apegada aos meus chinelos velhos. Queria lhe dizer ainda que seria bom se toda noite você lavasse em casa lenço e meias, em vez de amontoá-los sujos embaixo da cama durante semanas a fio, mas isso eu nunca consegui fazer você entender.

Esperei o médico. É um tal Povo ou Covo, não entendi direito. Mora no andar de cima. O que ele acha da doença do seu pai, eu não entendi.

1 Famoso café, reduto de escritores, pintores e cineastas, localizado na Piazza del Popolo, em Roma. [N.T.]

Diz que tem úlcera, coisa que já sabíamos. Diz que seria preciso levá-lo a uma clínica, mas seu pai não quer saber disso.

Talvez você ache que eu deva me transferir para a casa de seu pai e cuidar dele. Eu também penso assim em alguns momentos, mas acho que não o farei. Tenho medo de doenças. Tenho medo das doenças alheias, das minhas não, mas eu também nunca tive grandes doenças. Quando meu pai tinha diverticulite, fiz uma viagem à Holanda. Mas sabia perfeitamente que não era diverticulite. Era câncer. De modo que, quando morreu, eu não estava lá. Tenho remorsos por isso. Mas é verdade que a certa altura da nossa vida molhamos os remorsos no café da manhã, como biscoitos.

Também, se eu chegasse lá amanhã com a minha mala, não sei qual seria a reação de seu pai. Faz muitos anos que se tornou acanhado comigo. Eu também me tornei tímida com ele. Não há nada pior que o acanhamento entre duas pessoas que se detestaram. Não conseguem se dizer mais nada. São gratas uma à outra por não ferir e não magoar, mas uma gratidão dessa espécie não encontra o caminho das palavras. Depois da nossa separação, seu pai e eu adquirimos esse hábito tedioso e civilizado de nos encontrarmos para tomar chá no Canova toda primeira quinta-feira do mês. Era um hábito que não tinha a ver nem com ele nem comigo. Tinha sido conselho daquele primo dele, Lillino, que é advogado em Mântua, e a esse primo ele sempre dá ouvidos. Segundo o tal primo, nós dois devíamos manter relações corretas e nos encontrar de vez em quando para discutir interesses comuns. Porém, aquelas horas que passávamos no Canova eram um tormento para seu pai e para mim. Como seu pai é uma pessoa metódica em sua desordem, tinha estabelecido que devíamos permanecer àquela mesinha das cinco às sete e meia. De quando em quando suspirava e olhava o relógio e isso para mim era uma humilhação. Ficava estirado para trás na cadeira e coçava o cabeção preto desgrenhado. Parecia uma velha pantera cansada. Falávamos de vocês. Porém, das suas irmãs ele não quer nem saber. A estrela dele é você. Desde que você existe, enfiou na cabeça que é a única coisa no mundo digna de ternura e de veneração. Falávamos de você. Mas ele logo dizia que eu nunca tinha entendido você e que só ele o conhece a fundo. Assim não havia conversa. Tínhamos tamanho medo de entrar em contradição que todo assunto parecia-nos perigoso e o colocávamos de lado. Vocês sabiam que nós nos encontrávamos ali naquelas tardes, mas não sabiam que era a conselho daquele maldito primo dele. Percebo que usei o imperfeito, mas na verdade acho que seu pai está muito mal e que não nos encontraremos mais no Canova toda primeira quinta-feira do mês.

Se você não fosse tão bobo, diria para deixar o seu porão e instalar-se de novo na Via San Sebastianello. Você poderia se levantar à noite, em vez do criado. No fundo, você não tem nada de específico para fazer. Viola tem a casa, e Angelica tem o trabalho e a menina. As gêmeas vão à escola e, depois, são pequenas. E de resto seu pai não suporta as gêmeas. Tampouco suporta Viola ou Angelica. Quanto às próprias irmãs, a Cecilia está velha, e ele e a Matilde se detestam. Matilde agora está morando comigo e passará o inverno aqui. De qualquer modo, a única pessoa no mundo que seu pai ama e suporta é você. Porém, sendo como é, acho melhor você continuar no seu porão. Se estivesse lá com seu pai, aumentaria a desordem e levaria o criado ao desespero.

E quero lhe dizer mais uma coisa. Recebi uma carta de uma pessoa que diz se chamar Mara Castorelli e ter-me conhecido no ano passado, numa festa no seu porão. A festa eu lembro, mas havia muita gente e não me lembro de ninguém com exatidão. A carta foi mandada ao velho endereço na Via Villini. Essa pessoa me pede para ajudá-la a encontrar um trabalho. Escreve de uma pensão onde, porém, não pode permanecer, porque paga muito. Diz que teve um filho e gostaria de vir à minha casa para me mostrar esse belo menino. Eu ainda não lhe respondi. Antigamente eu gostava de crianças, mas agora não teria nenhuma vontade de ficar me babando por uma. Estou extremamente cansada. Gostaria de saber de você quem é ela e que tipo de trabalho deseja, porque não explica bem. Na hora, não dei muita importância à carta, mas a certa altura fiquei em dúvida se o filho não é seu. Pois não entendo por que essa fulana me escreveu. Tem uma letra esquisita. Perguntei ao seu pai se ele conhecia alguma amiga sua chamada Martorelli, ele disse que não, daí começou a falar do queijo Pastorella que levava quando ia passear de barco a vela, mas com o seu pai não se pode mais ter uma conversa sensata. E eu pouco a pouco enfiei na cabeça que esse menino é seu. Ontem à noite, depois da janta, tirei de novo meu carro, o que sempre dá muito trabalho. Fui ao povoado telefonar-lhe, mas você nunca se encontra. Na volta, comecei a chorar. Pensava um pouco no seu pai, que está mal daquele jeito, e pensava um pouco em você. Se por acaso é seu o filho dessa Martorelli, o que você vai fazer, já que não sabe fazer nada? Os estudos, você não quis terminar. Esses quadros que você faz, com aquelas casas que desabam e corujas que voam, eu não acho muito bonitos. Seu pai diz que são bonitos e que eu não entendo de pintura. Acho que parecem os quadros que seu pai pintava quando moço, mas piores. Eu não sei. Peço-lhe que me diga o que devo responder a essa Martorelli e se devo lhe mandar dinheiro. Ela não pede, mas certamente está querendo.

Eu continuo sem telefone. Fui não sei quantas vezes fazer a solicitação, mas não veio ninguém. Por favor, vá você também à Companhia Telefônica. Não lhe custa nada, pois não é longe da sua casa. Talvez aquele seu amigo Osvaldo, que lhe arranjou o porão, conheça alguém na Telefônica. As gêmeas dizem que o Osvaldo tem um primo lá. Veja se é verdade. Ele foi gentil ao ceder-lhe o lugar sem cobrar nada, porém esse porão é escuro para pintar. Vai ver que é por isso que você faz todas aquelas corujas, porque fica ali pintando com a luz acesa e pensa que lá fora é noite. Deve ser úmido também e por sorte eu lhe dei aquela estufa alemã.

Não acredito que você virá me dar os parabéns pelo meu aniversário porque não acredito que se lembre. Nem a Viola nem a Angelica virão porque ontem falei ao telefone com as duas e elas não podiam. Estou satisfeita com esta casa, mas certamente acho incômodo estar tão longe de todos. Pensava que o ar aqui fosse bom para as gêmeas. Mas as gêmeas passam o dia inteiro fora. Vão à escola com seus motociclos e comem numa pizzaria no centro. Fazem os deveres na casa de uma amiga e voltam quando escurece. Até elas voltarem fico preocupada, porque não me agrada que fiquem na rua quando já escureceu. Faz três dias que a sua tia Matilde chegou. Queria fazer uma visita ao seu pai, mas ele disse que não tem vontade de vê-la. Estão estremecidos há muitos anos. Escrevi a Matilde para vir porque estava com os nervos abalados e sem dinheiro. Andou fazendo uma especulação errada em certos fundos suíços. Disse-lhe para dar algumas aulas particulares às gêmeas. As gêmeas, porém, se esquivam. Eu terei que aguentá-la, mas ainda não sei como.

Talvez tenha cometido um erro ao comprar esta casa. Em certos momentos penso que foi um erro. Devem me trazer coelhos. Quando os trouxerem, queria que você viesse fazer as gaiolas. Por ora, penso em colocá-los no depósito de lenha. As gêmeas queriam um cavalo.

Eu diria que o motivo principal foi não querer encontrar sempre o Filippo. Ele está a dois passos da Via Villini e sempre o encontrava. Era penoso encontrá-lo. Está bem. A mulher dele terá um filho na primavera. Deus meu, por que é que sempre nascem todas essas crianças quando as pessoas estão fartas e não as suportam mais? Já nasceram crianças demais.

Agora paro de escrever, dou a carta a Matilde que vai fazer compras e fico vendo a neve cair e lendo os *Pensamentos* de Pascal.

Sua mãe".

Terminada e fechada a carta, ela desceu novamente à cozinha. Cumprimentou e beijou suas duas gêmeas de quatorze anos, Bebetta e Nannetta, que tinham duas tranças louras idênticas, dois casacos azuis idênticos com alamares, e meias escocesas idênticas, e partiram para a escola em dois motociclos idênticos. Cumprimentou e beijou sua cunhada Matilde, solteirona gorda e máscula de cabelos brancos e lisos, com uma mecha que lhe caía sempre sobre um olho e que ela jogava para trás com um gesto atrevido. Por ali não se viam vestígios da empregada Cloti.

Matilde queria ir chamá-la. Observou que se levantava a cada manhã um quarto de hora mais tarde e a cada manhã dizia palavras amargas por causa de seu colchão que achava cheio de calombos. Por fim, a tal Cloti apareceu e esgueirou-se pelo corredor com um roupão azul-celeste muito curto e largo, e os longos cabelos grisalhos soltos sobre os ombros. Dali a um instante saiu de seu banheiro com um avental marrom esticado e novo. Tinha prendido os cabelos para cima com dois pentes. Pôs-se a arrumar as camas, arrastando os cobertores com imenso desânimo e expressando o desejo de se demitir a cada gesto. Matilde vestiu um mantô tirolês e disse que iria fazer as compras a pé, elogiando com sua voz máscula e profunda a neve e o ar gelado e saudável. Mandou que pusessem para cozinhar umas cebolas que tinha visto penduradas na cozinha. Tinha uma boa receita de sopa de cebola. Cloti observou com voz apagada que todas aquelas cebolas estavam podres.

Adriana agora tinha se vestido e trajava calças cor de tabaco e um pulôver cor de areia. Sentou-se na sala de estar perto da lareira acesa, mas não leu os *Pensamentos* de Pascal. Não leu nada e nem sequer olhou a neve lá fora, porque de repente teve a impressão de detestar aquela paisagem nevada e cheia de corcovas que se via pelas janelas; em vez disso, pousou a cabeça nas mãos, acariciou os pés e os tornozelos nas meias cor de tabaco e passou a manhã inteira assim.

2

Numa pensão na Piazza Annibaliano entrou um homem chamado Osvaldo Ventura. Era um homem atarracado e quadrado, com um impermeável. Tinha cabelos louro-acinzentados, uma cor saudável, olhos amarelos. Tinha sempre na boca um sorriso vago.

Uma moça conhecida tinha-lhe telefonado para que viesse apanhá-la. Queria ir embora daquela pensão. Alguém lhe emprestava um apartamento na Via Prefetti.

A moça estava sentada no saguão. Vestia uma malha de algodão turquesa, calças cor de berinjela e um casaco preto com dragões de prata bordados. Aos seus pés, havia malas e sacolas, e um menino numa bolsa de plástico amarelo.

– Faz uma hora que estou aqui esperando você feito uma idiota – disse.

Osvaldo juntou as malas e as sacolas e levou-as para a porta.

– Está vendo aquela toda cacheada perto do elevador? – disse. – Era minha vizinha de quarto. Foi gentil comigo. Devo muito a ela. Inclusive dinheiro. Cumprimente-a com um sorriso.

Osvaldo ofereceu à cacheada o seu sorriso vago.

– Meu irmão veio me apanhar. Vou para casa. Amanhã eu lhe devolvo a garrafa térmica e o resto – disse Mara. Ela e a cacheada beijaram-se vigorosamente nas bochechas.

Osvaldo pegou a bolsa, as malas e as sacolas, e saíram.

– Sou seu irmão? – disse.

– Era muito gentil. De modo que lhe disse que você era meu irmão. As pessoas gentis gostam muito de conhecer os parentes.

– Está lhe devendo muito dinheiro?

– Pouquíssimo. Você quer lhe dar?

– Não – disse Osvaldo.

– Disse a ela que devolvia amanhã. Mas não é verdade. Nunca mais irão me ver neste lugar. Qualquer dia mandarei um vale postal.

– Quando?

– Quando tiver um trabalho.

– E a garrafa térmica?

– A garrafa térmica talvez eu não devolva. Mesmo porque ela tem outra.

O *cinquecento*[2] de Osvaldo estava estacionado do outro lado da praça. Nevava e ventava. Mara caminhava sustentando na cabeça um chapelão de feltro preto. Era uma moça morena, pálida, muito pequena e muito magra, de quadris largos. Seu casaco com dragões agitava-se ao vento, e suas sandálias afundavam na neve.

– Não tinha nada mais quente para pôr? – disse ele.

– Não. Todas as minhas roupas estão num baú. Na casa de dois amigos. Na Via Cassia.

– Elisabetta está no carro – disse ele.

– Elisabetta? E quem é?

– Minha filha.

Elisabetta estava encolhida num canto do banco de trás. Tinha nove anos. Tinha cabelos cor de cenoura, um pulôver e uma camisa xadrez. Segurava no braço um cachorro de pelo fulvo e orelhas compridas. Ao seu lado foi colocada a bolsa de plástico amarelo.

– Por que é que você está carregando essa menina com esse animal? – disse Mara.

– Elisabetta estava na casa da avó e fui buscá-la – disse ele.

– Você sempre tem alguma incumbência. Está sempre fazendo favores a todo mundo. Quando é que vai ter uma vida sua? – disse ela.

– O que faz você pensar que eu não tenha uma vida minha? – disse ele.

2 Carro popular de cerca de 500 cm³ de cilindrada, produzido na década de 1960 pela Fiat. [N.T.]

– Segure bem esse cachorro, para ele não lamber o meu menino, viu, Elisabetta? – disse ela.

– Quanto tempo exatamente tem o menino? – perguntou Osvaldo.

– Vinte e dois dias. Não lembra que tem vinte e dois dias? Saí do hospital faz duas semanas. A atendente do hospital me recomendou aquela pensão. Mas não podia ficar lá. Era imunda. Dava nojo pisar o tapetinho do lavabo. Era um tapetinho de borracha verde. Você sabe como esses tapetinhos de borracha verde das pensões são nojentos.

– Sei, sim.

– Além do mais, eu gastava muito. Além do mais, eram grosseiros. Eu tenho necessidade de gentileza. Sempre tive, mas desde que nasceu a criança tenho ainda mais.

– Entendo.

– Você também tem necessidade de gentileza?

– Tenho muita.

– Diziam que eu tocava a campainha a toda hora. Tocava porque precisava de muitas coisas. Água fervida. Depois, mais coisas. Faço aleitamento misto. É muito complicado. Deve-se pesar o bebê, depois amamentá-lo, daí pesá-lo novamente e dar-lhe o outro leite. Tocava a campainha dez vezes. Nunca vinham. Finalmente traziam a água fervida, mas tinha sempre a desconfiança de que não tinha sido fervida de verdade.

– Podia ter uma chaleira no quarto.

– Não. Era proibido. E sempre esqueciam alguma coisa. O garfo.

– Que garfo?

– Para bater o leite em pó. Eu lhes disse que tinham que me trazer a cada vez uma tigela, uma xícara, um garfo e uma colher. Traziam tudo num guardanapo. O garfo estava sempre faltando. Pedia um garfo, mas fervido, e respondiam mal. Às vezes pensava que devia lhes dizer para ferver também o guardanapo. Mas tinha medo de que ficassem bravos.

– Eu também acho que ficariam bravos.

– Para pesar o bebê ia ao quarto da cacheada que você viu. Ela também tem um filho e tinha uma balança para bebês. Mas, com muita gentileza, ela me disse que eu não devia aparecer no seu quarto às duas da madrugada. Então, de madrugada eu precisava intuir o peso. Não sei, talvez sua mulher tenha uma dessas balanças em casa.

– Há uma balança para bebês em casa, Elisabetta? – perguntou Osvaldo.

– Não sei. Acho que não – disse Elisabetta.

– Quase todo mundo tem uma dessas balanças no porão – disse Mara.

– Acho que a gente não tem – disse Elisabetta.

– Mas eu preciso de uma balança.

– Pode alugar uma na farmácia – disse Osvaldo.

– Como alugar, se não tenho um tostão?

– Que tipo de trabalho pensa procurar? – perguntou ele.

– Não sei. Talvez venda livros usados na sua lojinha.

– Não. Isso não.

– Por quê?

– É um buraco. Não tem espaço para se mover. E ali eu já tenho uma pessoa que me ajuda.

– Eu vi. É uma espécie de vaca.

– É a senhora Peroni. Antes era governanta na casa da Ada. Minha mulher.

– Pode me chamar de Peroni. Serei a sua cerveja.[3] Melhor ainda. Serei a sua vaca.

Estavam no Trastevere, numa pracinha com uma fonte. Elisabetta desceu com o cachorro.

– Tchau, Elisabetta – disse Osvaldo.

Elisabetta atravessou o portão de um casarão vermelho. Desapareceu.

– Quase não abriu a boca – disse Mara.

– É tímida.

3 Alusão à propaganda da referida marca de cerveja. [N.T.]

– Tímida e mal-educada. Nem ao menos olhou o bebê. Como se não houvesse nada ali. Não gosto da cor da sua casa.

– Não é minha casa. Ali mora minha mulher, com Elisabetta. Eu moro sozinho.

– Eu sei. Tinha esquecido. Você fala sempre da sua mulher, eu não me lembro de que mora sozinho. Por falar nisso, dê-me o número de sua casa. Eu só tenho o da lojinha. Posso precisar de alguma coisa, de noite.

– Eu lhe imploro que não me telefone à noite. Tenho sono difícil.

– Você nunca me convidou para ir à sua casa. No verão, quando nos encontramos na rua, estava com aquela barriga enorme, disse-lhe que queria tomar um banho. Você me falou que estava faltando água no seu bairro.

– Era verdade.

– Estava nas freiras e só dava para tomar banho no domingo.

– Como você foi parar nas freiras?

– Porque pagava pouco. Primeiro morava na Via Cassia. Depois briguei com esses meus amigos. Eles ficaram bravos porque eu quebrei uma filmadora. Disseram para eu voltar para a casa dos meus primos em Novi Ligure. Deram-me dinheiro para a viagem. Não eram maus. Mas o que é que eu ia fazer em Novi Ligure? Aqueles meus primos não sabiam mais nada de mim há um tempão. Se me vissem chegar com aquela barriga, caíam mortos. Depois são muitos na casa e não têm dinheiro. Mas ele é melhor do que ela.

– Ele quem?

– Ele. O que mora na Cassia. A mulher é apegada ao dinheiro. Ele, mais gentil. Trabalha na televisão. Disse que logo que tivesse o bebê, me arranjava um emprego. Talvez lhe telefone.

– Por que talvez?

– Porque me perguntou se eu sabia bem inglês e eu disse que sim, mas não é verdade, não sei nem uma palavra em inglês.

O apartamento da Via Prefetti era composto de três cômodos enfileirados que davam um para dentro do outro. No último cômodo havia uma porta-balcão, com cortinas esfarrapadas. A porta-balcão abria-se para uma sacada que dava para um pátio. Na sacada havia um varal com uma camisola de flanela lilás claro pendurada.

– O varal é de grande utilidade para mim – disse Mara.

– De quem é a camisola? – perguntou Osvaldo.

– Minha não é. Nunca vim aqui. O apartamento é de uma moça que conheço. Não está precisando dele. A camisola não sei de quem é. Não é dela porque ela não usa flanela para dormir. Aliás, não dorme nem de camisola. Dorme nua. Ela leu não sei onde que os finlandeses dormem nus e são fortíssimos.

– Você arranjou este apartamento sem ter visto antes?

– Claro. Não preciso pagar. É emprestado. É emprestado por essa minha querida amiga.

No último cômodo havia uma mesa redonda coberta por um encerado de quadrados brancos e vermelhos, e uma cama de casal com uma colcha de chenile lilás claro. No cômodo do meio havia um fogão, uma pia, uma vassoura, uma folhinha pendurada na parede, pratos e panelas no chão. No primeiro cômodo não havia nada.

– Enquanto isso, ponha para ferver – disse ela. – Está tudo aí. Disseram que está tudo aí. Uma tigela. Uma xícara. Um garfo. Uma colher.

– Não estou vendo garfos – disse Osvaldo.

– Cristo. Não dou sorte com os garfos. Vou bater com a colher.

– Também não estou vendo colheres. Só facas.

– Cristo. Mas eu tenho uma colher de plástico. Ganhei de presente da cacheada. Só que não dá para ferver. Derrete. Esse é o mal do plástico.

Tirou o menino de dentro da bolsa e deitou-o na cama. Era um menino com longos cabelos pretos. Estava todo enrolado numa toalha florida. Espreguiçava-se. Da toalha saíram dois pés calçados com enormes pantufas azuis.

– Você também não dá sorte com as cadeiras – disse Osvaldo. Saiu à sacada e pegou uma poltrona de pano com o fundo puído. Levou-a para dentro e sentou-se.

– Não dou sorte com nada – disse ela. Estava sentada na cama, tinha tirado a malha e dava de mamar.

– Mas pesar a criança você não pesou – disse ele.

– Como vou pesar se não tenho balança? Tenho que intuir.

– Quer que eu vá à farmácia alugar uma?

– Está disposto a me pagar o aluguel de uma balança?

– Sim. Estou.

– Achava que você era pão-duro. Sempre me disse que era pão-duro e pobre. Sempre me disse que não tem nada e que até a cama onde você dorme à noite pertence à sua mulher.

– Realmente sou pão-duro e pobre. Mas estou disposto a pagar o aluguel de uma balança.

– Depois. Depois você vai. Agora não se mexa dessa poltrona. Gosto de ter alguém por perto, enquanto bato o leite em pó. Tenho medo de errar. Que fique empelotado. Na pensão tinha a cacheada. Eu a chamava e ela vinha logo. Mas de noite não, não vinha.

– Eu não posso ficar aqui eternamente – disse ele. – Mais tarde tenho que ir à casa de minha mulher.

– Estão separados. O que você vai fazer na casa dela?

– Vou ficar um pouco com a menina. E ficar com ela também. Vou visitá-las quase todos os dias.

– Por que estão separados?

– Porque éramos muito diferentes para vivermos juntos.

– Diferentes como?

– Diferentes. Ela rica. Eu pobre. Ela muito ativa. Eu preguiçoso. Ela com a mania da decoração.

– E você sem a mania da decoração.

– Eu sem.

– Quando se casou com ela, tinha esperança de se tornar mais rico e menos preguiçoso?

– Sim. Ou então esperava que ela se tornasse mais preguiçosa e mais pobre.

– E, ao contrário, nada.

– Nada. Ela chegou a fazer algumas tentativas para se tornar mais preguiçosa. Mas sofria. Quando estava deitada, no entanto, continuava a arquitetar projetos. Parecia que eu estava ao lado de uma panela em ebulição.

– Que projetos eram esses?

– Oh, ela sempre tem projetos. Casas para reformar. Velhas tias para cuidar. Móveis para envernizar. Garagens para transformar em galerias de quadros. Cães para cruzar com outros cães. Forros para tingir.

– E você que tentativas fazia para se tornar menos preguiçoso e mais rico?

– No começo cheguei a fazer algumas pequenas tentativas para me tornar um pouco mais rico. Mas eram tentativas muito fracas e muito canhestras. Mas a ela não interessava tanto que eu ganhasse dinheiro. Ela queria que eu escrevesse livros. Queria. Dizia. Esperava. E isso para mim era terrível.

– Bastava que você dissesse que não tinha livros para escrever.

– Eu não estava tão seguro de não ter livros para escrever. Algumas vezes achava que até os teria escrito se ela não estivesse esperando por eles. Mas eu tinha sempre ao meu redor aquela sua expectativa obstinada, benévola, enorme, inibidora. Eu a sentia em cima de mim até mesmo durante o sono. Era de matar.

– Então você foi embora.

– Tudo se passou com uma calma incrível. Simplesmente um dia eu lhe disse que queria viver sozinho de novo. Não parecia surpresa. Mas fazia tempo que aquela sua expectativa parecia ter afrouxado. Ela continuava sempre igual, só que tinham lhe aparecido duas pequenas rugas nos cantos da boca.

– E a lojinha? A lojinha também é da sua mulher?

– Não, é de um tio meu que mora em Varese. Mas estou ali há tantos anos que parece ser minha.

– Ainda assim, quando foi morar sozinho, você não escreveu livros. Dá para ver que só sabe vender os livros, os livros dos outros.

– Ainda assim não escrevi livros. É verdade. Como você sabe?

– Michele me disse. Disse que você é preguiçoso e que não escreve nada.

– É verdade.

– Gostaria que sua mulher viesse aqui e decorasse o apartamento.

– Minha mulher?

– Sua mulher, sim. Se ela transforma garagens, também pode transformar tudo aqui.

– Minha mulher? Minha mulher viria correndo. Traria pedreiros. Eletricistas. Mas mudaria também toda a sua vida. Colocaria o bebê num berçário. Mandaria você a uma escola de inglês. Não lhe daria mais sossego. Jogaria fora todas essas roupas que você veste. O casaco com dragões, jogaria no lixo.

– Mas ele é tão gracioso – disse ela.

– Não é do estilo dela, o casaco com dragões. Não, não é do estilo de Ada.

– A cacheada me disse que eu talvez pudesse ir com eles para Trapani. O marido está em Trapani e vai abrir uma lanchonete. Se tudo corresse bem, me dariam um emprego. Precisam de gente para cuidar das contas.

– Você sabe fazer contas?

– Quase todo mundo sabe.

– Mas talvez você não.

– A cacheada acha que sim. Me dariam um quarto no apartamento deles, em cima da lanchonete. Além de fazer as contas, deveria arrumar a casa e olhar o filho deles junto com o meu. É uma lanchonete perto da estação. Às vezes dá para ganhar uma bolada com essas lanchonetes.

– Já esteve em Trapani?

– Nunca. A cacheada está um pouco assustada. Não sabe como se sentirá em Trapani. E depois não sabe o que acontecerá com a tal lanchonete. O marido já levou dois restaurantes à falência. O dinheiro é dela. Chegou a ir com o marido a um bruxo. O tal bruxo disse que eles deveriam se manter longe das cidades do sul.

– E então?

– Então, nada. Ela teve extrassístole. Diz que seria um grande consolo ter-me por perto. Se não souber o que fazer, irei para lá.

– Não aconselho.

– Aconselha alguma outra coisa?

– Não aconselho nada. Nunca dou conselhos a ninguém.

– Vai ver Michele hoje à noite?

– Não sei. Você não esperaria conselhos de Michele.

– Não. Mas gostaria que ele viesse aqui. Faz tanto tempo que não o vejo. Fui visitá-lo no porão. Ainda estava barriguda. Eram os últimos dias de barriga. Disse-lhe que queria tomar um banho, mas respondeu que não tinha água quente. Segundo ele, a água fria me faria mal.

– Você não dá sorte com os banhos.

– Eu não sei com o que eu dou sorte. Quando o menino nasceu, telefonei para ele. Disse que vinha, mas não veio. Cheguei a escrever à mãe dele, alguns dias atrás.

– Escreveu à mãe dele? O que deu na sua cabeça?

– Pois é. Eu a conheço. Vi uma vez. Dei-lhe o endereço da pensão. Pensava em ficar lá, depois mudei de ideia. Disse à cacheada que, se chegassem cartas para mim, que ela enviasse para a sua lojinha. Não quis dar à cacheada o meu endereço daqui. Do contrário, era capaz de aparecer. Disse algumas mentiras para ela. Disse que ia para um apartamento delicioso, com lajotas em alguns cômodos e carpete nos outros. Disse que ia morar com um irmão antiquário. Transformei você em antiquário. Mas você é só um comerciante de livros usados.

– Acima de tudo, você me transformou em seu irmão.

– Sim. Na verdade, eu tenho um irmão, mas é pequeno. Tem onze anos. Chama-se Paolo. Mora com aqueles primos. Ao bebê dei o nome de Paolo Michele. Eu, sabe, poderia processar o Michele. Porque sou menor de idade. Se o processasse, teria de casar comigo.

– Gostaria de se casar com Michele?

– Não. Teria a impressão de ter me casado com esse meu irmão menor.

– Então por que quer processá-lo?

– Não quero processá-lo. Nem em sonho. Só estou dizendo que, se quisesse, poderia. Vá ver se a panela está fervendo.

– Está fervendo há um tempão – disse ele.

– Então apague.

– Você não é menor de idade – ele disse. – Tem vinte e dois anos. Vi sua carteira de identidade.

– Sim, é verdade. Tenho vinte e dois anos feitos em março. Mas como é que você viu minha carteira de identidade?

– Você mesma me mostrou. Queria que eu visse como a fotografia era feia.

– É verdade. Agora me lembro. Eu quase sempre invento mentiras.

– Acho que inventa mentiras inúteis.

– Nem sempre inúteis. Às vezes, existe um objetivo por trás. Quando disse à cacheada que aqui havia carpete, era porque queria que tivesse inveja de mim. Estava cansada de causar pena. A pessoa se cansa de sempre causar pena aos outros. Depois, existem momentos em que nos sentimos tão por baixo, que o único jeito de nos sentirmos melhor é inventando lorotas.

– Você me disse que não sabe se este bebê é de Michele.

– Realmente não sei. Não estou cem por cento certa. Acho que é dele. Mas ia para a cama com um monte de homens naquela época. Não sei o que tinha me dado. Quando descobri que estava grávida, achei que queria a criança. Tinha certeza de que a queria. Nunca tinha tido tanta certeza de uma coisa. Escrevi à minha irmã, em Gênova, e ela me mandou dinheiro para abortar. Respondi que ficava com o dinheiro, mas que não queria abortar. Respondeu que eu era louca.

– Não pode pedir à sua irmã para vir aqui? Não tem uma pessoa que possa vir?

– Não. Essa minha irmã agora se casou com um técnico agrícola. Escrevi-lhe quando o menino nasceu. Respondeu ele, o tal técnico agrícola, que eu nunca vi. Escreveu que eles estão de mudança para a Alemanha. Disse que eu fosse para o inferno. Não com essas palavras, mas quase.

– Entendo.

– A mulher, quando tem um bebê, tem vontade de mostrá-lo a todos. Por isso, gostaria que Michele o visse. Somos muito amigos. Passamos juntos dias tão bonitos. Às vezes, ele é tão divertido. Eu ia com outros homens, mas com ele me divertia. Imagine se quero casar com ele. Nunca me passou pela cabeça. Não estou apaixonada por ele. Só me apaixonei uma única vez, em Novi Ligure, pelo marido de uma prima. Nunca dormi com ele. Minha prima estava sempre ali.

– Michele disse que lhe arranjará dinheiro. Pedirá aos seus. Ele virá. Vez ou outra virá. Mas diz que fica impressionado com crianças recém-nascidas.

– O dinheiro eu quero. Sei que disse para você ser gentil comigo. Mas você seria gentil do mesmo jeito, ainda que ele não lhe tivesse dito. Você é gentil por natureza. Engraçado, nunca dormi com você. Nunca me passou pela cabeça. Nem eu pela sua, acho. Às vezes me pergunto se você não é bicha. Mas acho que não.

– Não – ele disse.

– Mas não passa pela sua cabeça dormir comigo?

– Não, não me passa pela cabeça.

– Você me acha feia?

– Não.

– Bonita?

– Bonita.

– Mas não sente atração por mim? Eu o deixo indiferente?

– Para falar a verdade, sim.

– Vá para o inferno – disse ela. – Não é nada bom ouvir isso.

– O bebê está dormindo. Parou de mamar – disse Osvaldo.

– Pois é. Esse menino é terrível.

– Não é terrível coisa nenhuma. Ele só dorme.

– Mesmo quando dorme é terrível. Sei que me meti numa enrascada. Não pense que não sei.

– O que você tem? Agora deu para chorar?

– Vá bater o leite.

– Eu nunca bati leite na minha vida – disse Osvaldo.

– Não importa. Leia as instruções na lata. Ajude-me, Cristo.

3

2 de dezembro de 1970

Caro Michele,

Ontem à noite o Osvaldo veio e me disse que você partiu para Londres. Fiquei aturdida e transtornada. Osvaldo disse que você deu uma passada na casa de seu pai para se despedir, mas ele estava dormindo. Você deu uma passada, o que significa que você só passou por lá, e talvez não tenha percebido que seu pai está tão mal. Aquele Povo ou Covo disse que hoje ele deve ser internado.

Você precisava de camisas e roupas de lã. Osvaldo diz que você está pensando em permanecer lá durante todo o inverno. Podia ter me telefonado. Era só me ligar para o telefone público do povoado, como fez das outras vezes. É certo que, se não me instalarem o telefone aqui, enlouquecerei. Eu teria ido ao aeroporto e levado roupas. Osvaldo diz que você partiu com a calça de fustão e o pulôver vermelho, e nada ou quase nada para se trocar. Toda a roupa de baixo, diz Osvaldo, a limpa e a suja, ficou no porão. Não lembrava se você estava com o capote, ou não. De repente lembrou que estava. Isso me trouxe um pouco de conforto.

Diz que você apareceu na casa dele de manhã cedo. Segundo ele, a ideia de partir para Londres e lá frequentar uma escola de escultura era uma ideia que você vinha ruminando havia tempos. Porque fazia tempo que você estava farto de todas aquelas corujas. Isso eu entendo. Escrevo-lhe para o endereço que o Osvaldo me deu, mas ele diz que é provisório. O fato de Osvaldo conhecer mais ou menos essa senhora de idade que está lhe cedendo o quarto me consola um pouco, mas muito pouco. Não vá pensar que eu não entendi que sua viagem foi uma fuga.

Eu não sou nenhuma idiota. Peço-lhe que me escreva logo e explique com clareza do que ou de quem você queria fugir. Osvaldo não foi claro. Ou não queria me dizer ou não sabia.

De qualquer modo, você partiu. Devolvi a Osvaldo as trezentas mil liras que lhe emprestou. Ou seja, devolvi à mulher dele. Fiz um cheque em nome dela. Diz Osvaldo que sua mulher sempre dispõe de dinheiro vivo em casa, do contrário, como era sábado, você não partiria. Osvaldo passou aqui às dez da noite de ontem. Estava morto de cansaço por ter batalhado na delegacia pelo seu passaporte que estava vencido, por tê-lo acompanhado a Fiumicino e por ter ido buscar fora de Roma um carro da mulher dele que você tinha emprestado a não sei quem. Não tinha jantado e eu não tinha nada em casa a não ser vários tipos de queijos comprados de manhã pela Matilde no supermercado. Servi-lhe todos esses queijos e ele fez um estrago. Matilde o entreteve com os impressionistas franceses. Matilde sacudia o topete, fumava com a piteira e andava de um lado para o outro, com as mãos nos bolsos do seu cardigã. Eu a teria matado. Queria que se retirasse para interrogar Osvaldo sobre você. As gêmeas também estavam presentes, jogando pingue-pongue. Finalmente foram todos dormir.

Perguntei-lhe se você tinha partido por causa daquela Mara Castorelli, que me escreveu e que tem um bebê. Osvaldo me disse que aquele bebê não é seu. Segundo ele, a moça não tem nada a ver com a sua partida. Diz que não passa de uma moça pobre e tola, sem dinheiro, sem um cobertor de lã e sem uma cadeira, e ele pensa em levar para ela cobertores e cadeiras do porão em que você mora, visto que agora não estão sendo usados por ninguém. Perguntou-me se podia levar também aquela estufa verde com arabescos, ou seja, a estufa alemã. Disse-lhe que precisava desemparedar o tubo e que era complicado. Lembrava-me do dia em que tinha ido comprá-la para você e por isso gostava dela. Você certamente achará uma estupidez que alguém possa querer bem a uma estufa. Osvaldo me disse que você nunca acendia a estufa porque nunca se lembrava de encomendar lenha, e que usava uma elétrica. Por fim, disse-lhe que fizesse o que bem entendesse com as cadeiras e a estufa. Perguntei-lhe se por acaso você não tinha se aproximado de grupelhos políticos perigosos. Sempre morro de medo de que você possa acabar entre os Tupamaros. Ele disse não saber com quem você andava nesses últimos tempos. Disse ser bem possível que você tivesse medo de alguma coisa. Não foi claro.

Não sei bem se o acho simpático. É gentil. É de uma tal gentileza, que chega a dar a impressão de saciedade, como quando comemos geleia em demasia. Tem aquela cara radiosa que está sempre rindo. Mas eu não vejo motivo nenhum para rir. Olhando-o, tinha de vez em quando a desconfiança de que era pederasta. Nunca entendi bem como vocês se tornaram tão amigos, você um rapaz, ele um homem de trinta e seis ou trinta e oito anos. Mas dirá que a quantidade de medos que tenho em relação a você é ilimitada.

Não tem nenhum primo na Telefônica, mas acha que Ada, sua mulher, tem ali um conhecido. Prometeu lhe perguntar. Não sei o que faríamos sem essa Ada. Emprestou-lhe o dinheiro para a viagem. Telefonou para alguém da delegacia, caso contrário não sei como você faria com o passaporte. Deveria lhe escrever para agradecer. Diz Osvaldo que ela já estava de pé às sete da manhã quando ele chegou lá. Lavava os pisos de lajotas com querosene. Também tenho pisos de lajotas aqui, mas nunca os lavamos com querosene. De fato, são opacos. Acho que Cloti não os lava com nada.

Anteontem de manhã, Matilde foi comigo à casa de seu pai. Ao chegarmos, ele estava sentado na cama, fumava e telefonava, de modo que na hora ela não teve a impressão de que estivesse tão mal. Falava ao telefone com aquele arquiteto. Não sei se você sabe que uma semana antes de adoecer seu pai comprou uma torre na ilha do Giglio. Pagou por ela só um milhão ou ao menos é o que diz. Pelo que entendi é uma torre que está desmoronando e deve estar cheia de urtigas e de cobras. Seu pai enfiou na cabeça fazer ali não sei quantos banheiros e não sei quantas privadas. Continuou a falar ao telefone com sua voz estridente e fez para Matilde apenas um sinal com a mão. Matilde assumiu um ar reservado e pôs-se a folhear uma revista. Quando desligou o telefone, seu pai disse a Matilde que achava que ela tinha engordado muito. Logo depois desenterrou uma história de três anos atrás, quando Matilde tinha lhe dado para ler o manuscrito de um romance de sua autoria, intitulado *Polenta e veneno*, e ele o esquecera num bar da estação de Florença. Era a única cópia corrigida e batida à máquina e estava numa pasta azul, e Matilde escreveu ao bar, mas a pasta azul jamais foi encontrada. Assim, perdeu a vontade de recorrigir a sua cópia e rebatê-la, sentindo-se desencorajada e desiludida. Ter esquecido naquele bar a pasta azul parecera-lhe um ato de desprezo da parte de seu pai. Além disso, depois brigaram por causa daquele vinhedo que tinham em comum perto de Spoleto. Ela queria vendê-lo e seu pai não. Seu pai, nessa manhã, disse que lamentava ter perdido a pasta azul, mas que, por outro lado, esse *Polenta e veneno* era um romance insípido e era melhor sepultá-lo para sempre. Daí, teve uma crise de dor, náusea e dor. Veio o arquiteto, o tal que se ocupa da torre, mas seu pai não tinha vontade de olhar as maiólicas e dizer se gostava mais daquelas com a florzinha azul ou daquelas com a florzinha marrom. O arquiteto é um sujeito de dois metros de altura. Parece um paspalho. Tinha um ar completamente perdido. Dissemos que voltasse mais tarde. Então ele meteu as maiólicas na maleta, agarrou o impermeável e se mandou dali.

Você precisa me escrever logo, porque tenho que saber o seu endereço não provisório. Penso em lhe mandar roupas e dinheiro por alguém que vá a Londres. Encontrarei alguém. Por enquanto, escreverei ainda para esse endereço. Darei notícias do seu pai. Penso em dizer a ele que você teve de viajar às pressas porque se encerravam as inscrições para a escola de escultura. De resto, ele o considera pessoa de grande perspicácia. Tudo o que você faz parece-lhe sempre a única coisa certa a ser feita.

Chegaram os coelhos. São quatro. Chamei um carpinteiro para fazer as gaiolas. Sabia que não podia esperar de sua parte esse pequeno favor. Compreendo que a culpa não deve ser sua. Mas as coisas sempre acontecem de um modo que eu devo renunciar a receber qualquer pequeno favor de sua parte.

Sua mãe

4

Londres, 3 de dezembro de 1970

Cara Angelica,

Viajei às pressas porque à noite me telefonaram dizendo que o Anselmo tinha sido preso. Telefonei para você do aeroporto, mas não a encontrei.

Confio esta carta a um rapaz que a entregará em mãos. Chama-se Ray e eu o conheci aqui. É um rapaz de Ostende. É de confiança. Dê-lhe pousada, se tiver uma cama. Deverá ficar em Roma por alguns dias.

É preciso que você vá imediatamente à minha casa. Peça a chave ao Osvaldo com uma desculpa. Diga que deve procurar um livro. Diga o que quiser. Ia esquecendo de dizer que deve levar consigo uma mala ou uma sacola. Dentro da minha estufa há uma metralhadora desmontada e embrulhada numa toalha. Ao partir, esqueci-me completamente dela. Poderá lhe parecer estranho, mas é isso. Um amigo meu, chamado Oliviero, trouxe-a numa noite, algumas semanas atrás, por medo de que a polícia lhe aparecesse em casa. Disse-lhe para enfiá-la na estufa. Eu nunca acendia essa estufa. Funciona a lenha. Eu nunca tinha lenha. Depois acabei esquecendo da existência dessa metralhadora escondida dentro da minha estufa. Lembrei-me dela no avião, de repente. Estava em pleno céu. De repente, senti-me coberto por um suor fervilhante. Dizem que é frio o suor do medo. Não é verdade. Às vezes, é fervilhante. Precisei tirar a malha. Você então pegue essa metralhadora e enfie na sacola ou mala que levou consigo. Entregue-a para alguém acima de qualquer suspeita. Por exemplo, àquela mulher que faz limpeza na sua casa. Ou também pode devolvê-la a Oliviero. Chama-se Oliviero Marzullo. O endereço dele eu não sei, mas deve ser fácil de arranjar. Pensando bem, essa metralhadora é tão velha e enferrujada que talvez você pudesse jogá-la no Tibre. Não dou essa incumbência ao Osvaldo. Dou a você. Aliás, preferia que Osvaldo não ficasse sabendo nada disso. Não quero que me julgue um perfeito imbecil. Mas, se você tiver vontade de contar ao Osvaldo, conte. No fundo, pouco me importa se ele me considera um imbecil.

Naturalmente, meu passaporte estava vencido. Naturalmente, Osvaldo me ajudou a renová-lo. Tudo isso em poucas horas. No aeroporto também estava o Gianni e brigamos porque, segundo ele, em nosso grupo há um espião fascista. Quem sabe até mais de um. Tenho certeza de que ele está sonhando. Gianni não sairá de Roma, apenas mudará de quarto toda noite.

Dei uma passada na casa do nosso pai antes de partir. Osvaldo me esperava no carro. Nosso pai dormia profundamente. Pareceu-me muito velho e muito doente.

Estou bem. Tenho um quarto comprido e estreito, com a tapeçaria rasgada. Toda esta habitação é comprida e estreita. Há um corredor, e para o corredor abrem-se os quartos. Somos cinco pensionistas. O preço é quatro libras por semana. A dona é uma judia romena que vende cremes para a pele.

Quando puder, vá visitar uma moça conhecida minha que mora na Via Prefetti. O número eu não lembro. O Osvaldo sabe. O nome da moça é Mara Castorelli. Teve um filho. Eu tinha lhe dado o dinheiro para abortar, mas ela não abortou. Esse menino poderia até ser meu filho, já que dormimos juntos algumas vezes. Mas andava com muitos homens. Leve-lhe um pouco de dinheiro, se puder.

Michele

Angelica leu essa carta estirada numa poltrona na sala de jantar de sua casa. Era uma sala de jantar minúscula e muito escura. Era quase totalmente ocupada por uma mesa abarrotada de livros e papéis, sobre os quais vacilava uma lâmpada e uma máquina de escrever. Naquela mesa trabalhava Oreste, o marido, que agora estava dormindo no quarto porque passava as noites no jornal e costumava dormir até as quatro da tarde. A porta da cozinha estava aberta e ela via a filha, Flora, a amiga, Sonia, e o rapaz que tinha trazido a carta. A filha comia pão molhado no Ovomaltine. Era uma viçosa serelepe de cinco anos, com vestido azul e meia-calça vermelha. A amiga Sonia usava óculos, era alta, curvada e mansa, com um longo rabo de cavalo preto. Lavava os pratos da noite anterior. O rapaz da carta comia um prato requentado de *penne* ao molho de tomate, sobras de Oreste da noite anterior. Era um rapaz com um anoraque azul-claro desbotado, que não quis tirar por ter-se resfriado no caminho. Tinha uma barba castanha curta, rala e leve.

Lida a carta, Angelica levantou-se da poltrona e procurou os sapatos pelo tapete. Vestia uma meia-calça de um verde descorado. Também estava usando um vestido azul, todo amarfanhado, porque não o tirava desde o dia anterior, tendo passado a noite na clínica. O pai fora operado no dia anterior e morrera durante a noite.

Angelica puxou para cima os cabelos louros claros e longos, ajeitando-os sobre a cabeça com alguns grampos. Tinha vinte e três anos. Era pálida, alta, com um rosto um tanto comprido demais, os olhos verdes como os da mãe, mas de formato diferente, longos, estreitos e oblíquos. Tirou de um armário uma sacola preta florida. Não precisava pedir as chaves do porão a Osvaldo, porque ele já as dera para ela juntar as roupas sujas e levá-las para lavar. Estavam no bolso de sua peliça. Vestiu a peliça preta de náilon, comprada num brechó de Porta Portese. Anunciou na cozinha que estava indo fazer compras. Saiu.

Seu *cinquecento* estava estacionado na frente da Chiesa Nuova. Depois de entrar no carro, este permaneceu imóvel por um instante. Daí, dirigiu-se para a Piazza Farnese. Lembrou que um dia, em outubro, tinha visto o pai na Via Giubbonari. Ele avançava com seus passos largos, as duas mãos no bolso, as longas madeixas pretas desalinhadas, a gravata que esvoaçava, o paletó preto de alpaca como sempre muito amarrotado e gasto, a cara morena e grande com a enorme boca sempre amarga e desgostosa. Ela estava saindo de um cinema com a filha.

Ele lhe estendeu a mão, uma mão mole, suada, sem ânimo. Não se beijavam mais havia muitos anos. Não tinham muito a dizer um ao outro, pois sempre se viram pouquíssimo. Tomaram o café em pé num bar. Ele comprou para a menina um enorme doce com creme. Ela levantou a dúvida de que era um doce muito velho. Ele ficou ofendido e disse que vinha frequentemente àquele bar e nunca tinham doces velhos. Explicou que em cima do bar morava uma amiga dele, uma irlandesa que tocava violoncelo. Enquanto tomavam o café, apareceu a irlandesa, uma moça gorducha e pouco bonita, com um nariz arrebitado. Foram ver casacos, porque a irlandesa queria um casaco. Foram a uma loja de roupas na Piazza Paradiso. A irlandesa começou a provar casacos. O pai comprou para a menina um pequeno poncho com desenhos de cabritos. A irlandesa escolheu um casaco longo de couro de rena preto forrado de pele branca e ficou muito satisfeita. O pai pagou, tirando do bolso um punhado de notas amassadas. Uma ponta do lenço ficou fora do bolso. Tinha sempre uma ponta do lenço pendendo do bolso. Depois, foram todos à galeria Medusa, onde o pai estava preparando uma exposição que seria inaugurada dali a alguns dias. Os proprietários da galeria eram dois rapazes com paletó de couro e estavam ocupados escrevendo os convites para o *vernissage*. Os quadros já estavam quase todos pendurados e havia um grande retrato da mãe, pintado muitos anos antes, quando o pai e a mãe ainda viviam juntos. Via-se a mãe a uma janela, com as mãos cruzadas sob o queixo. Usava uma blusa listrada de branco e azul. Os cabelos eram uma nuvem vermelho-fogo. O rosto era um triângulo seco, sarcástico e cheio de sulcos. Os olhos eram pesados, desdenhosos e lânguidos. Angelica lembrou que moravam, quando ele pintara aquele quadro, numa casa que tinham em Pieve di Cadore. Reconheceu a janela e os toldos verdes do terraço. Mais tarde, aquela casa fora vendida. Com as mãos no bolso, o pai parou diante do quadro e elogiou demoradamente as suas cores, que definiu como ácidas e cruéis. Daí, pôs-se a elogiar cada um de seus quadros pendurados. Nos últimos tempos, ele dera para fazer quadros enormes, em que amontoava toda espécie de coisas. Tinha descoberto a técnica do amontoamento. Numa luz esverdeada, flutuavam navios, automóveis, bicicletas, carros-tanque, bonecas, soldados, cemitérios, mulheres nuas e animais mortos. Com sua voz amarga e estridente, o pai disse que ninguém na atualidade tinha condições de pintar com tamanha amplitude e precisão. Sua pintura era trágica, solene, gigantesca e minuciosa. Ele dizia "a minha *pinturra*", carregando no "erre", numa espécie de rufo colérico, solitário e doloroso. Angelica pensou que nem ela, nem a irlandesa, nem os proprietários da galeria, nem talvez o próprio pai acreditassem numa palavra do que dizia a voz estridente. A voz soava rascante e solitária como um disco riscado. Angelica lembrou de repente uma canção que o pai costumava cantar enquanto pintava. Era uma lembrança de infância, porque havia muitos anos não estava presente quando ele pintava. *"Non avemo ni canones, / ni tanks ni aviones, / oi, Carmelà!"*[4] Perguntou-lhe se, pintando, ainda costumava cantar *"Oi, Carmelà!"*. De repente, ele pareceu comovido. Disse que não, que não cantava mais nada, seus novos quadros davam-lhe tanto trabalho, tinha de pintar empoleirado numa escada, suava tanto que precisava trocar a camisa a cada duas horas. De repente, pareceu ansioso para se livrar da irlandesa. Disse-lhe que estava escurecendo e que era melhor ela voltar para casa. Ele não podia acompanhá-la, pois tinha um convite para jantar. A irlandesa pegou um táxi. Ele falou com raiva daquela irlandesa que vivia pegando táxis, embora viesse de uma desolada região da Irlanda, onde com certeza não havia táxis, mas apenas neblina, turfa e ovelhas. Deu o braço a Angelica e caminhou com ela e a menina em direção a Via Banchi Vecchi, onde elas moravam. Começou então a se queixar de tudo. Estava sozinho. Tinha um criado idiota, que acabara de pegar numa autoelétrica. Ninguém vinha visitá-lo. Quase nunca via as gêmeas que, de resto, tinham engordado demais nos últimos tempos,

4 Uma das versões da canção "Ay, Carmela", cantada pelo Exército Republicano de Ebro, durante a Guerra Civil Espanhola. [N.T.]

pesavam cinquenta e oito quilos cada uma aos quatorze anos. Cento e dezesseis quilos as duas, ele disse, era um peso excessivo. Quase nunca via Viola que, de resto, não suportava por não ter ironia. Uma pessoa totalmente desprovida de ironia. Tinha se enfiado com o marido na casa dos sogros. Eram muitos naquela casa, sogros, tios, sobrinhos, eram uma verdadeira tribo. Era gente de pouco valor. Farmacêuticos. Mas ele, é claro, não tinha nada contra os farmacêuticos, disse, entrando numa farmácia, onde comprou Alka-Seltzer, porque sentia sempre uma vaga dor "aqui", disse apontando o dedo no meio do tórax, vaga, era talvez a velha úlcera, a velha e fiel companheira de sua vida. Michele visitava-o pouco nos últimos tempos, e isso lhe pesava. Quando Michele foi morar sozinho, ele achou a coisa certa, mas triste. Ao falar de Michele, sua voz tornava-se frágil, submissa, não mais estridente. Michele, porém, agora estava sempre com o tal Osvaldo. Ele não tinha entendido direito que tipo de pessoa era o tal Osvaldo. Muito gentil, sem dúvida. Educado. Nada intrometido. Michele costumava trazê-lo a tiracolo quando vinha à Via San Sebastianello com seu fardo de roupa para lavar. É provável que precisasse de Osvaldo para ser trazido de carro. Michele não tinha mais carro. Tiraram-lhe a carta quando atropelou aquela velha freira. Morreu, mas a culpa não era de Michele. Não tinha absolutamente culpa. Acabara de aprender a guiar e corria porque a mãe, sentindo-se deprimida, chamara-o. Com frequência, a mãe ficava deprimida. A mãe, disse o pai baixando a voz num sussurro pigarrento, não suportava a solidão, e em sua infinita estupidez não tinha compreendido que aquele Cavalieri preparava-se havia muito para deixá-la. Era uma ingênua. Sua idade mental era a de uma menina de dezesseis anos e, no entanto, tinha quarenta e quatro completos. Quarenta e dois, disse Angelica, fará quarenta e três daqui a pouco. O pai fez uma conta rápida nos dedos. Quanto à ingenuidade, era pior do que as gêmeas, disse. De resto, as gêmeas não eram de fato ingênuas. Eram frias e espertas como duas raposas. Ele sempre achara esse Cavalieri uma nulidade. Nunca lhe fora simpático, nunca. Tinha aqueles ombros caídos, aqueles dedos compridos, brancos, aqueles cachinhos. Seu perfil era o de um gavião. Ele, o pai, era bastante rápido para reconhecer os gaviões. No portão da casa de Angelica, disse que não queria subir, porque não simpatizava com Oreste, seu marido. Achava-o um pedante. Um moralista. Não beijou nem Angelica nem a menina. Deu um pequeno piparote na nuca da menina. Apertou os dois braços de Angelica. Recomendou que fosse ao *vernissage* no dia seguinte. Aquela exposição seria, disse, "um grande acontecimento". Foi-se embora. Angelica não foi ao *vernissage* no dia seguinte porque acompanhou o marido a Nápoles, onde ele tinha um comício. Tornou a ver o pai talvez ainda duas ou três vezes. Estava acamado, e a mãe estava lá. Ele nunca lhe dirigiu a palavra. Uma vez estava ao telefone. Outra vez sentia-se mal e fez-lhe com a mão um pequeno aceno esquivo e distraído.

Angelica desceu os seis degraus que levavam ao porão, entrou, acendeu a luz. No meio havia uma cama com lençóis e cobertores revirados. Angelica reconheceu os bons cobertores que a mãe costumava comprar, macios, com bordas de veludo, quentes e leves, de cores suaves. A mãe gostava muito de comprar bons cobertores. O pavimento estava atulhado de garrafas vazias, jornais e quadros. Ela deu uma olhada nos quadros, abutres, corujas, casas em ruínas. Embaixo da janela estava a roupa suja, um par de *jeans* enrolados, uma chaleira, um cinzeiro cheio de guimbas, um prato de laranjas. A estufa estava no centro do quarto. Era grande, barriguda, de louça verde com arabescos delicados que pareciam bordados. Angelica enfiou o braço dentro e apanhou no fundo um pacote envolto numa velha toalha felpuda com franjas. Jogou-o na sacola. Jogou também as roupas sujas e as laranjas. Saiu do porão e caminhou por um trecho na manhã úmida e nebulosa, levantando a gola da peliça para cobrir os lábios. Deixou a roupa numa lavanderia que se encontrava a dois quarteirões de distância e que se chamava A Rápida, esperou que contassem as peças uma por uma sobre o balcão. Depois tornou a entrar no carro. Chegou ao Lungotevere Ripa, lentamente, porque havia trânsito. Desceu as escadas que levavam ao rio.

Atirou o pacote no rio. Um menino perguntou-lhe o que tinha jogado. Ela disse que tinha jogado laranjas podres.

"Non avemo ni canones, / ni tanks ni aviones", cantava, dirigindo no trânsito para sua casa. De repente, percebeu que tinha todo o rosto banhado de lágrimas. Riu, soluçou e enxugou as lágrimas com a manga da peliça. Perto de casa comprou um pedaço de lombo de porco para fazer ao molho com batatas. Comprou também duas garrafas de cerveja e uma caixa de açúcar. Depois, comprou um lenço preto e um par de meias pretas para usar no enterro do pai.

5

Londres, 8 de dezembro de 1970

Cara mamãe,

Por motivos que não seriam fáceis de explicar por carta, desisti de ir a Roma, depois de alguns instantes de indecisão. Quando Osvaldo me telefonou que papai tinha morrido, fui ver que voos havia, mas depois não parti. Sei que você disse a todos os parentes que eu estava com pneumonia. Bom.

Agradeço-lhe pelas roupas e pelo dinheiro. A pessoa que os trouxe, o sobrinho da senhora Peroni, não me deu notícias de vocês porque não os conhecia, mas deu-me algumas notícias de Osvaldo e devolveu meu relógio, que eu tinha esquecido no bolso do Osvaldo naquele dia no aeroporto, tendo ido tomar um banho às pressas. Diga-lhe que agradeço. Não lhe escrevo diretamente por falta de tempo.

Deixo Londres e vou a Sussex. Ficarei na casa de um professor de linguística. Devo lavar os pratos, acender a caldeira dos termossifões e levar os cães para passear. Por ora, desisti de frequentar aquela escola de escultura. Prefiro os cães e os pratos.

Sinto não ter feito as gaiolas para os seus coelhos, mas farei quando voltar. Um beijo para você e para minhas irmãs.

Michele

6

8 de dezembro de 1970

Caro Michele,

Missão cumprida no que diz respeito ao pequeno objeto esquecido na sua estufa. Esse pequeno objeto foi jogado no Tibre, já que estava, como você disse, enferrujado.

Mas não fui atrás da moça da Via Prefetti. Não tive tempo. Minha filha apanhou um resfriado. Depois, você disse que eu devo levar dinheiro a essa moça, e dinheiro é coisa que não tenho no momento.

Nosso pai foi enterrado há três dias. Escreverei mais demoradamente tão logo me seja possível.

Angelica

7

12 de dezembro de 1970

Caro Michele,

Acabo de receber a sua breve carta. Não sei o que o impediu de vir quando seu pai morreu. Não consigo imaginar nada que possa impedir uma pessoa de voltar quando ocorre uma desgraça. Não entendo. Pergunto-me se virá quando eu morrer. Sim, aos vários parentes dissemos que você estava em Londres com pneumonia.

Estou contente que você vá a Sussex. Lá o ar deve ser muito bom, e eu fico sempre contente quando sei que você está no campo. Quando eram pequenos, morria de tédio nas férias durante meses a fio, pensando que cada dia a mais no campo era um benefício para vocês. Depois, quando você ficou com seu pai, eu enlouquecia diante da ideia de que muitas vezes ele fazia você permanecer em Roma em pleno verão. Ele não gostava do campo e só gostava da praia. Mandava-o de manhã a Ostia com a empregada e dizia que estava bom assim.

Você não me diz se também deve cozinhar para esse professor de linguística. Escreva se deve e mandarei receitas. Matilde tem um caderno grosso onde cola todas as receitas que encontra nos jornais e nas folhinhas.

Você me dê o seu número de telefone em Sussex, mas terei que telefonar de um local público, porque ainda não me instalaram o telefone. O local público é uma taberna. Está sempre cheio de gente. Tenho medo de cair no choro se lhe telefono. Ali não é um lugar apropriado para telefonar e chorar.

A morte de seu pai foi um duro golpe para mim. Eu agora me sinto muito mais sozinha. Ele não me dava nenhum apoio, porque não se importava comigo. Não se importava nem mesmo com suas irmãs. Importava-se somente com você. E o afeto que lhe tinha não parecia dirigido a você, mas a outra pessoa que ele inventara e que não se parecia com você em nada. Não sei explicar por que me sinto mais sozinha desde que morreu. Talvez porque tivéssemos lembranças em comum. Éramos os únicos no mundo a ter essas lembranças. Não costumávamos falar delas quando nos encontrávamos. Porém, percebo agora que não era necessário falar. Elas estavam presentes nas horas que passávamos no café Canova e que eu achava opressivas e intermináveis. Não eram lembranças felizes porque eu e seu pai nunca fomos muito felizes juntos. E mesmo que tenhamos sido felizes por breves e raros momentos, tudo depois foi emporcalhado, pisado e revolvido. Mas não se amam apenas as lembranças felizes. A certa altura da vida, percebe-se que se amam as lembranças.

Você achará estranho, mas eu não poderei mais entrar no café Canova, porque se entrasse lá começaria a chorar feito uma idiota, e se estou certa de alguma coisa é de não querer chorar em público.

O criado do seu pai, que nunca lembro se chama Federico ou Enrico, foi dispensado e a mulher de Osvaldo, Ada, ficou com ele. Segundo Matilde, eu é que devia ficar com ele, mas não o queria porque me parece um idiota. Segundo Osvaldo, essa Ada ensinará a ele coisas de toda espécie, porque parece ter o dom de instruir os criados e fazer com que se tornem impecáveis e impenetráveis. Não sei como fará para tornar impecável esse rapaz rude e desnorteado que mais parece um javali, mas Osvaldo diz que a arte de Ada não tem limites no aperfeiçoamento dos criados.

Matilde e eu vamos diariamente a Via San Sebastianello para pôr em ordem os papéis de seu pai e estamos numerando os quadros, que depois levaremos a um armazém. Com os móveis não sabemos o que fazer, porque nem Viola nem Angelica têm lugar em casa. São móveis grandes, que atravancam. Por isso, pensamos em vendê-los. Ontem também estiveram lá o Osvaldo e o primo Lillino para ver os quadros. Lillino, porém, voltava hoje para Mântua, o que me deixou contente, pois não o suporto. Lillino aconselha a não vender os quadros por enquanto, porque no momento os quadros do seu pai têm cotações muito baixas no mercado. Os últimos são enormes, e para dizer a verdade eu os acho horríveis. Entendi que Osvaldo também os acha feios. Entendi, mesmo se olha para eles sem pronunciar uma palavra. Lillino, ao contrário, diz que são magníficos, que no futuro serão descobertos pelo público e valerão uma fortuna. Matilde simplesmente sacode o topete e faz estalidos com a boca para exprimir admiração. Eu não posso olhar para eles que me dá vertigens. Vai-se saber por que começou a fazer esses quadros monumentais e transbordantes. Peguei para mim aquele meu retrato à janela, de muitos anos atrás, na casa de Pieve di Cadore. Aquela casa o seu pai vendeu, poucos meses depois. Agora pendurei o quadro na sala de estar e estou olhando para ele enquanto lhe escrevo. Entre todos os quadros do seu pai, esse é o que mais me agrada. Separamo-nos pouco tempo depois, no fim daquele verão, quando voltamos a Roma. Na época, morávamos no Corso Trieste. Você, Viola e Angelica estavam em Chianciano com a tia Cecilia. Talvez as suas irmãs já esperassem o que estava para acontecer, mas você não, porque era pequeno, tinha seis anos naquela época. Deixei a casa do Corso Trieste uma manhã e deixei-a para sempre. Fui embora com as gêmeas e juntei-me aos meus pais que passavam as férias em Roccadimezzo. Cheguei a Roccadimezzo após uma viagem que nem lhe conto, com as gêmeas vomitando no ônibus o tempo todo. Meus pais estavam ali sossegados num bom hotel, comiam bem e faziam pequenos passeios no campo. Não me esperavam porque não os tinha avisado. Cheguei ao hotel tarde da noite, com três malas e com as gêmeas sujas de vômito. Meus pais quando me viram ficaram transtornados. Fazia uma semana que estava sem dormir, por causa da indecisão e da angústia, e devia estar com a cara destruída. Dois meses mais tarde, minha mãe teve o primeiro infarto. Sempre achei que tivera aquele infarto por ter me visto chegar naquele estado a Roccadimezzo naquela noite. Na primavera, com o segundo infarto, minha mãe morreu.

Seu pai estabeleceu que você devia ficar com ele. Você com ele e as meninas comigo. Comprou a casa da Via San Sebastianello e instalou-se nela com você. Tinha aquela velha cozinheira que permaneceu só alguns meses. Não lembro o nome. Talvez você lembre. Por muito tempo eu não podia pôr os pés naquela casa porque ele não queria me ver. Eu lhe telefonava e você chorava ao telefone. Essa é uma lembrança terrível para mim. Eu o esperava em Villa Borghese com as gêmeas e você chegava acompanhado por aquela velha cozinheira, que tinha uma peliça de macaco. No começo, quando a cozinheira lhe dizia que estava na hora de voltar para casa, você berrava e se jogava no chão, porém mais tarde pegava seu patinete e ia embora com uma expressão dura e calma, e eu ainda o vejo caminhar todo empertigado e decidido com seu capotinho. Tinha acumulado tanto ódio por seu pai que pensava em entrar na Via San Sebastianello com um revólver e atirar nele. Talvez uma mãe não devesse dizer essas coisas a um filho, porque não são educativas. Mas a questão é que não se sabe mais o que é educação e se realmente existe. Eu não o eduquei. Não estava presente, como ia educá-lo? Eu só o via em Villa Borghese algumas vezes depois do almoço. Com certeza, seu pai não o educava, pois tinha enfiado na cabeça que você já era educado de nascença. De modo que você não foi educado por ninguém. Você cresceu muito abobado, mas não tenho certeza de que seria menos bobo se tivesse recebido de nós educação. As suas irmãs talvez sejam menos bobas que você. Mas elas também são muito estranhas e abobadas, uma por um lado, a outra por outro. Tampouco foram ou são educadas por mim, pois com muita frequência eu me sentia e me sinto uma pessoa com a qual não simpatizo. Para educar alguém é preciso ter em relação a si mesmo pelo menos um pouco de confiança e de simpatia.

Não lembro quando e como eu e seu pai deixamos de nos odiar. Uma vez ele me deu um tapa no escritório do advogado. Foi tamanho tapa que me saiu muito sangue do nariz. Estava lá também o primo dele, Lillino, e ele e o advogado fizeram-me deitar no sofá e Lillino desceu à farmácia para comprar algodão hemostático. Seu pai trancou-se no banheiro e não saía mais. Tem medo de sangue e sentira-se muito mal. Vejo que escrevi "tem medo" no presente, sempre esqueço que seu pai morreu. Lillino e o advogado batiam no banheiro e sacudiam a porta. Saiu pálido e com os cabelos gotejantes de água, porque tinha metido a cabeça embaixo da torneira. Quando me lembro dessa cena, tenho vontade de rir. Muitas vezes sentia vontade de recordá-la com seu pai para rirmos juntos. Mas nossas relações estavam embalsamadas. Não éramos mais capazes de rir juntos. Tenho a impressão de que depois daquele tapa ele deixou de me odiar. Não queria que eu fosse à Via San Sebastianello, mas às vezes era ele que o acompanhava a Villa Borghese no lugar da cozinheira. Eu também deixei de odiá-lo. Uma vez em Villa Borghese brincamos de cabra-cega com vocês no gramado, eu caí no chão e ele limpou a lama do meu vestido com o seu lenço. Enquanto estava inclinado, limpando a lama, eu via a cabeça dele com as longas madeixas pretas e entendi que entre nós dois não existia mais nem sombra de ódio. Foi um momento de felicidade. Era uma felicidade feita de nada, porque eu sabia muito bem que, mesmo sem ódio, minhas relações com seu pai permaneceriam algo vil e miserável. Porém, lembro que o sol estava se pondo, havia belas nuvens vermelhas sobre a cidade e depois de tanto tempo eu estava quase tranquila e quase feliz.

Sobre a morte de seu pai, não tenho nada a dizer. No dia anterior, eu e Matilde estávamos com ele na clínica. Ainda proseou, discutiu com Matilde, telefonou ao arquiteto para falar da torre. Disse que tinha comprado aquela torre por sua causa, principalmente porque, gostando tanto de praia como você gosta, poderá passar lá verões inteiros. Poderá levar todos os seus amigos porque haverá um monte de quartos. Eu sei que você não gosta de praia e é capaz de ficar à beira-mar todo vestido e coberto de suor em pleno agosto. Porém, não queria contradizê-lo e não repliquei. De modo que ele continuou a ruminar sobre a torre. Segundo ele, comprá-la tinha sido um verdadeiro negócio e um lance de genialidade, disse que tinha frequentemente esses lances de genialidade, pena que eu não tivesse, porque a casa que comprei devia ser uma casa muito feia, de muito mau gosto e muito cara. Não repliquei. Depois chegou um grupo de amigos dele, fizeram-se anunciar pelo interfone, mas ele disse que estava cansado e não quis recebê-los. Eram Biagioni, Casalis, Maschera, uma moça irlandesa, que penso ser a amiga dele. Mandei Matilde recebê-los. Assim ficamos a sós, ele e eu. Disse-me que eu também podia passar o verão na torre. Porém, as gêmeas não, uma vez que elas tinham aqueles radinhos e nunca o deixariam descansar depois do almoço. Disse-lhe que era injusto com as gêmeas, porque se você chegasse na torre com um bando de amigos, duvidava que ele conseguisse dormir depois do almoço. Então, disse que talvez convidasse as gêmeas uma vez ou outra. Viola e Angelica, não. Viola tinha o campo dos sogros, feio e cheio de moscas, que se divertisse por lá. Angelica tinha aquele marido tão chato. Ela o amava? Talvez, sim. De qualquer modo, não queria o Oreste na torre por ter falado mal uma vez de Cézanne. Imbecil. Era uma rã, como podia exprimir opiniões sobre Cézanne? Disse que escolheria com grande cuidado e cautela as pessoas que convidaria a cada verão. A cada verão? Não, sempre, porque ele planejava viver na torre o ano inteiro. Matilde, por exemplo, ele não a queria na torre. Nunca a suportara, nem quando criança. Não entendia por que eu a tinha posto dentro de casa. Disse-lhe que me sentia sozinha e precisava de companhia. Eu preferia Matilde a qualquer outra pessoa. E, depois, Matilde me dava pena porque não tinha mais nenhum tostão. Podia sempre vender aquele vinhedo, disse seu pai. Lembrei-lhe que já tinham vendido o vinhedo havia um tempão, tinham vendido por uma miséria e no lugar do vinhedo agora há um motel. Então disse que a ideia de que agora existisse um motel no lugar daquele esplêndido vinhedo era uma ideia que ele não suportava. Disse que, ao lembrar-lhe isso, eu tinha sido sutilmente má. Virou-se para o outro lado e não quis mais conversa. Nem mesmo com Matilde voltou a conversar. Matilde depois me disse que a moça irlandesa estava em lágrimas, e que tinha sido arrastada dali de braços dados com Biagioni e Casalis.

Seu pai foi operado às oito da manhã. Estávamos todos ali na saleta da clínica, eu, Matilde, Angelica, Viola, Elio e Oreste. As gêmeas estavam na casa de uma amiga. A operação não durou muito. Depois soube que o abriram e tornaram a fechar, sem fazer nada porque não havia nada a fazer. No quarto, ficamos eu e Matilde. Na saleta estavam Angelica e Viola. Ele não disse mais nada. Morreu às duas da madrugada.

No enterro havia muita gente. Primeiro falou Biagioni e depois Maschera. Nos últimos tempos, seu pai não conseguia mais suportar nem Biagioni nem Maschera. Dizia que não compreendiam sua nova pintura. Dizia que tinham inveja dele e que eram gaviões. Dizia que ele sempre soubera reconhecer os gaviões.

Vejo que não lê as minhas cartas, ou então você lê e esquece na hora. Não poderá fazer as gaiolas dos coelhos quando voltar, porque mandei fazê-las num carpinteiro. Os coelhos são quatro. São quatro, mas eu não sei se continuarei ainda muito tempo aqui no campo. Não estou lá muito certa de não detestar este lugar.

Filippo estava no enterro do seu pai.

Um abraço,

Sua mãe

Terminada e fechada a carta, Adriana vestiu um casaco de camelo e envolveu a cabeça numa echarpe de lã preta. Eram cinco da tarde. Desceu à cozinha. Olhou dentro da geladeira. Olhou com antipatia a língua de boi que Matilde tinha deixado de molho no vinagre dentro de uma saladeira, para fazê-la em conserva.[5] Pensou que seriam

5 No original, *lingua salmistrata*: língua bovina tratada com sal e salitre, deixada durante dias numa salmoura com várias especiarias e depois cozida, de modo a conservá-la por muito tempo. [N.T.]

perseguidos meses a fio por aquela língua em conserva, provavelmente malfeita. Nem Matilde nem as gêmeas estavam em casa. Cloti estava na cama com gripe. Adriana aproximou-se do quarto dela. Cloti estava embaixo das cobertas com o roupão, a cabeça enrolada numa toalha. Estava com o rádio das gêmeas em cima do criado-mudo. Adriana lhe disse para colocar o termômetro. Esperou. Cantava Bobby Solo.[6] Cloti disse que adorava Bobby Solo. Era a primeira vez que Adriana ouvia Cloti expressar um pensamento desinteressado e sereno. Os pensamentos que Cloti costumava expressar eram acompanhados por suspiros e diziam respeito às suas atribulações pessoais, aos calombos do seu colchão, às correntes de ar das janelas. Adriana disse que sentia não poder transportar a televisão para o quarto dela porque era muito pesada. Cloti disse que à tarde a televisão não lhe interessava. À noite, sim. Porém, não tinha televisão no quarto nem mesmo no outro serviço, onde, no entanto, dispunha de todo tipo de comodidade. Enumerou as comodidades do outro serviço. Um quarto espaçoso e confortável. Móveis confortáveis brancos e dourados e um tapete de boa qualidade, que até a incomodava um pouco tê-lo em seu quarto. Um colchão macio. O aquecimento a ar-condicionado, que proporcionava a mesma temperatura na casa inteira. O advogado sempre em viagem e nada para fazer a não ser cuidar de um gato. Adriana tirou-lhe o termômetro da axila. Marcava trinta e seis e nove. Cloti disse que a febre decerto estava subindo, porque sentia arrepios quentes e frios, além de uma estranha dor em toda a cabeça. Adriana perguntou-lhe se queria um chá. Cloti recusou o chá. Havia porém uma coisa de que ela não gostava naquele advogado, disse, quando estava em casa, o advogado queria que à noite ela sentasse na sala de visitas para conversar com ele. Ela não se sentia capaz de conversar. Não encontrava assunto. Não que o advogado tivesse lhe feito qualquer proposta. Ele entendera imediatamente e apreciara

6 Cantor romano bastante popular, nascido em 1945, que estreou no Festival da Canção de Sanremo, em 1964. [N.T.]

a sua seriedade. Não, ele queria apenas conversar. Por isso tinha ido embora. Porque não tinha vontade de conversar. E também por causa dos falatórios. A irmã do advogado se hospedara lá e fizera-lhe uma observação a respeito de um *ossobuco*. Outra vez dissera para ela tomar um banho porque estava cheirando. Ela lavava todas as manhãs os pés e as axilas, portanto, não podia estar cheirando. Tomava banho só uma vez por mês, porque lhe dava muita fraqueza. Mas eram pretextos. Na verdade tinham ocorrido falatórios. Mas agora compreendia que ter ido embora fora um erro. Um erro enorme.

Adriana saiu e tirou o carro da garagem. Escancarou o portão. Odiou os dois abetos anões que Matilde mandara transplantar diante do portão. Estavam naquele jardim nu com um ar falsamente alpino. Esperou que morressem. A estrada seguia em curvas estreitas em meio aos campos. O carro trepidava. Fizera um dia de muito sol e quase não havia mais neve. O sol ainda iluminava o povoado e as encostas dos morros, mas o crepúsculo já se erguia sobre a planície com uma nevoazinha fria acinzentada. Odiou as gêmeas que não voltavam. Odiou Matilde que fora comprar azeitonas e alcaparras para a língua em conserva. Por um longo trecho não havia casas, depois aparecia uma casinha baixa com um fio de fumaça saindo de um tubo na janela. Ali moravam dois fotógrafos. O homem estava nos degraus naquele instante e lavava os pratos num balde de plástico azul-claro. A mulher vestia um casaco vermelho e meias desfiadas. Pendurava a roupa lavada numa corda. Sabe-se lá por que ver aqueles dois deu-lhe um desespero danado. Pareceram-lhe os únicos seres que o universo lhe oferecia. Por um longo trecho ainda havia lama, sebes secas, campos nus. Finalmente se saía na estrada principal, percorrida constantemente por automóveis. À beira da estrada, homens de macacão estavam encolhidos em volta de um tambor de piche.

Pensou na mulher de Filippo que vira no enterro. Estava barriguda. Sobre a barriga tinha um casaco amarelo, com grandes botões de tartaruga. Tinha um rosto ossudo e jovem, duro, os cabelos puxados e recolhidos num coque liso e minúsculo. Caminhava ao lado de Filippo, rosada, dura, séria, com a bolsa nas mãos. Filippo estava sempre igual. Tirava e tornava a pôr os óculos. Enfiava os dedos longos nos ásperos cachos grisalhos. Olhava ao redor com uma expressão falsamente resoluta e falsamente importante. Para chegar ao povoado, subia-se por uma ladeira onde a rua era iluminada por lampiões de néon e, naqueles dias, estava enguirlandada de festões de papel para uma procissão vindoura. No povoado, ela expediu a carta. Comprou ovos de uma mulher que estava sentada diante da igreja, com um cestinho e um braseiro. Falou com ela do vento que se fizera de repente, levando nuvens negras para cima dos telhados e fazendo oscilar os festões da procissão. Entrou num local público e telefonou para Angelica, tapando um ouvido por causa do barulho. Disse-lhe para vir almoçar no domingo. Comeriam língua em conserva. A linha estava com interferência, e Angelica não entendia. Despediram-se logo. Tornou a entrar no carro. Filippo, no dia que viera lhe dizer que ia se casar, aparecera com Angelica. Quis ter Angelica com ele, por medo que ela tivesse uma crise de choro. Idiota. Era raro ela ter crises de choro. Engolia tudo. Era sólida como um carvalho. E de resto aquilo era coisa que havia tempo ela esperava. Só que desde aquele dia a casa da Via Villini tornara-se odiosa para ela, porque tinha ficado deitada naquele quarto com as arcadas, chorando um pouco, quando Filippo se fora e Angelica lhe segurava a mão.

8

– Me parece completamente idiota – disse Ada.

– Não completamente – disse Osvaldo.

– Sim. Completamente – disse Ada.

– Não é idiota, só é tola – disse Osvaldo.

– Não vejo a diferença – disse Ada.

– Seja como for, dois ovos na manteiga ela saberá fazer – disse Osvaldo. – Conheço a mãe da senhora Peroni. É uma pessoa simples.

– Não se trata apenas de ovos na manteiga – disse Ada. – Conheço a velha senhora Peroni melhor do que você. Não é pessoa que se contente com facilidade. Quer a casa em ordem. Os pisos encerados. Não vejo aquela ali encerando os pisos. E, depois, a criança chorando incomodará.

– Não sabia como ajudá-la e me dava pena com a criança – disse Osvaldo.

– E então pensou em colocá-la nas costas das Peroni – disse Ada.

– As Peroni gostam de crianças.

– Sim, gostam de crianças que veem passar de carrinho em direção a Villa Borghese. Não das que berram de noite na casa delas.

Osvaldo tinha comido na casa de Ada, agora estavam na sala e ele colava selos num álbum para Elisabetta. Ada fazia tricô. Elisabetta estava com uma amiga na varanda. Jogavam baralho. Estavam sentadas no chão, jogando em silêncio e com extrema seriedade.

– É inútil colar esses selos – disse Ada. – Ela pode colá-los sozinha e também se diverte. – Osvaldo fechou o álbum com um elástico, aproximou-se da vidraça e olhou para fora. A varanda envidraçada, com grandes vasos de plantas, circundava toda a sala de estar. Ele bateu no vidro, mas Elisabetta estava absorta no jogo e não levantou a cabeça.

– Aquela azaleia ficou maravilhosa – disse ele.

– Você sabe que tenho mão boa. Não é nenhuma novidade. Quando me trouxeram, parecia morta. Estava na casa do pai de Michele. O criado me trouxe. Iam jogá-la fora. Ele pensou em trazê-la para mim.

– Vê-se que de vez em quando ele pensa.

– De vez em quando. Sem muita frequência. Mas não é mau. Ensinei-o a servir à mesa. Você viu como ele serve bem.

Osvaldo estava para dizer: "Vê-se que você tem mão boa até para os criados", depois achou que nessas palavras havia um duplo sentido sexual, não as disse e mesmo assim enrubesceu.

– Aquela sua moça, ao contrário, nunca aprenderá nada – disse Ada.

– Não precisa servir à mesa, nas Peroni. As três comem na cozinha.

– O que fez daquele apartamento da Via Prefetti onde estava?

– Nada. Vai para lá aos domingos. Deixa o bebê nas Peroni e vai à Via Prefetti. Descansa. Vem uma amiga visitá-la.

– Deve ir para a cama com alguém, ali.

– Talvez. Não sei. Diz que se cansou de ir para a cama. Agora só o bebê lhe interessa. Parou de amamentá-lo. Dá mamadeira.

– Ou seja, a senhora Peroni mãe é que dá.

– Acho que sim.

– O menino é muito parecido com Michele. Tenho certeza de que é dele – disse Ada.

– Você acha?

– Sim. É idêntico.

– O menino tem cabelos pretos. Os de Michele são avermelhados.

– Os cabelos não contam. Conta a expressão. A boca. Acho que Michele devia voltar e dar-lhe seu nome. É o que faria, se fosse uma pessoa honesta. Naturalmente não é. Não precisaria se casar com a moça porque não dá para casar com uma dessas. Só o nome para a criança. O que você está pensando em fazer com o porão?

– Não sei. Diga você. Agora pus para dormir lá um fulano, um amigo de Michele que chegou de Londres, um tal de Ray. Mas acredito que voltará daqui a alguns dias.

– Eu respirei aliviada quando Michele foi embora. E agora você colocou outro lá.

– Não sabia aonde ir. Estava na Angelica, mas o marido dela não o queria mais em casa. Discutiram por causa de política. O marido de Angelica tem ideias de ferro. Não tolera que ninguém as coloque em discussão.

– Se fossem mesmo de ferro, não se incomodaria se são colocadas em discussão. Se fica furioso é porque suas ideias não são de ferro, são de ricota. Eu conheço o marido da Angelica. Parece uma pessoa modesta. Um funcionário. Um desses funcionários de partido, que parecem contadores.

– Você não está errada.

– Acho que o casamento de Angelica terá vida curta. Mas hoje todos os casamentos têm vida curta. De resto, mesmo o nosso casamento teve uma vida bem curta.

– Durou exatamente quatro anos – disse Osvaldo.

– E você acha muito, quatro anos? – disse ela.

– Não. Estou dizendo quantos anos foram. Exatamente quatro.

– Para falar a verdade, não gosto desses rapazes que circulam por aí agora. Vagabundos e perigosos. Chego a preferir os contadores. O porão em si pouco me importa. Porém me incomoda se alguém o faz saltar pelos ares.

– Até porque nesse caso eu também saltaria pelos ares, já que moro no andar de cima, e também a costureira que mora no último andar – disse Osvaldo. – Mas esse Ray não me parece alguém que faça saltar qualquer coisa pelos ares. Não me parece que tenha descoberto a pólvora.

– Pediria que você não me apresentasse o tal Ray. Não o traga aqui. O Michele você sempre trazia. Não me era simpático. Não o achava divertido. Sentava-se e fixava em mim aqueles seus olhinhos verdes. Creio que me achava uma idiota. Mas eu não o achava divertido. Gastei dinheiro para ajudá-lo a viajar, mas não fiz isso por simpatia.

– Por gentileza – disse Osvaldo.

– Sim. E também por estar contente de não o ver mais. Mas achei um abuso ele não ter voltado quando o pai morreu. Um abuso.

– Tinha medo de ser preso – disse Osvaldo. – Do seu grupo, já prenderam dois ou três.

– Continuo achando um abuso. E você também achou. Ficou estupefato. Porque qualquer um deixa-se prender para acompanhar ao cemitério o féretro do próprio pai.

– O féretro? – disse Osvaldo.

– Sim, o féretro. O que eu disse de estranho?

– Nada. Achei a expressão insólita para você.

– É uma expressão muito comum. De qualquer modo, estava dizendo, não achava Michele um rapaz divertido. Quando muito era gentil. Jogava Banco Imobiliário com Elisabetta. Ajudava-me a envernizar os móveis. Mas no fundo, no fundo, achava que eu era boba, eu percebia e me aborrecia.

– Por que fala de Michele no passado? – disse Osvaldo.

– Porque acho que não voltará jamais – disse Ada. – Não tornaremos a vê-lo. Acabará nos Estados Unidos. Acabará sabe-se lá onde. O que fará não se sabe. O mundo agora está cheio desses rapazes que circulam sem objetivo de um lugar para outro. Não se consegue entender como envelhecerão. Parece que não vão envelhecer jamais. Parece que vão continuar sempre assim, sem lar, sem família, sem horários de trabalho, sem nada. Com seus dois trapos e basta. Nunca foram jovens, por isso como fazem para se tornarem velhos? Aquela moça com o bebê, por exemplo, ela também, como fará para envelhecer? Já é velha agora. É uma plantinha murcha. Nasceu murcha. Não fisicamente. Moralmente. Eu não consigo entender como é que uma pessoa como você perde tempo com todas essas plantinhas murchas. Talvez eu me engane, mas tenho você em alta consideração.

– Você se engana – disse Osvaldo –, é muito otimista a meu respeito.

– Sou otimista por temperamento. Mas não consigo ser otimista em relação a esses rapazes que circulam por aí. Considero-os insuportáveis.

Acho que fazem desordem. Parecem muito gentis, mas no fundo, no fundo, acalentam o desejo de nos fazer saltar pelos ares.

– No fundo não seria um grande mal – disse Osvaldo. Vestira o impermeável e alisava na cabeça os raros cabelos louros.

– Queria que até a Elisabetta saltasse pelos ares?

– A Elisabetta não – disse Osvaldo.

– Você devia levar esse impermeável à tinturaria – disse Ada.

– De vez em quando você fala como se ainda fosse minha mulher – disse Osvaldo. – Essa frase que você disse é uma frase de esposa.

– Não lhe agrada?

– Não. Por quê?

– Foi você que me deixou. Não fui eu a deixá-lo. Mas deixe para lá. Não reviremos velhos dissabores – disse Ada. – E, além do mais, talvez você tivesse razão. Foi uma decisão sábia. Você está bem sozinho. E eu também estou muito bem sozinha. Não éramos feitos para vivermos juntos. Somos muito diferentes.

– Muito diferentes – disse Osvaldo.

– Não repita as minhas palavras como o gato do Pinóquio. Isso me incomoda – disse Ada. – Agora tenho que ir à escola de Elisabetta. Prometi às professoras fazer os trajes das marionetes para a apresentação do Natal. Estou levando velhos tecidos que guardo numa arca.

– Você está sempre inventando coisas para fazer – disse Osvaldo. – Poderia permanecer aqui tranquila toda a tarde. O tempo está ruim. Não faz frio, mas está ventando.

– Se fico parada aqui a tarde inteira, tenho pensamentos tristes – disse Ada.

– Tchau – disse Osvaldo.

– Tchau – disse Ada. – Quer saber uma coisa?

– O quê?

– Michele, no fundo, no fundo, pensava que você também era idiota. Não só eu. Sugava o seu sangue, mas no íntimo chamava-o de idiota.

– Michele nunca sugou o meu sangue – disse Osvaldo.

Saiu. Não estava com o automóvel e caminhou a pé pela ponte. Parou um instante para olhar as águas do rio, de um amarelo denso, e os altos plátanos entre os quais passavam os carros. Soprava um vento quente porém furioso, o céu estava carregado de nuvens negras e túrgidas. Osvaldo pensou na metralhadora, que Angelica lhe dissera ter jogado na água, não muito longe daquela ponte. Pensou que ele nunca tocara numa arma em sua vida. Jamais tinha segurado na mão nem mesmo uma espingarda submarina. De resto, nem mesmo Michele jamais tinha tocado em armas, que ele soubesse. Michele tinha sido dispensado do serviço militar por deficiência torácica. Mas também porque o pai tinha dado dinheiro. Ele, Osvaldo, não fizera o serviço militar por ser filho único de mãe viúva. Nos tempos da Resistência[7] era um rapazinho. Ele e a mãe tinham sido evacuados nas proximidades de Varese.

Meteu-se num beco estreito, cheio de crianças. Entrou na lojinha. A senhora Peroni andava para um lado e para o outro, mancando sobre seus grossos tornozelos, com uma porção de livros. Sorriu para ele.

– Como vai? – disse ele.

– Voltou à Via Prefetti – disse ela. – Não era mais possível continuar assim. Em casa não ajudava ninguém. Aliás, era minha mãe que tinha que cozinhar para ela e ficar atrás. Quando tomava banho, não se lembrava de se enxugar e deixava pegadas molhadas pela casa toda. Outro dia, saiu, e eu e minha mãe também estávamos fora, ela tinha esquecido as chaves de casa, e na casa estava o menino sozinho, chorando, pobre criatura, não se encontrava um chaveiro e a porteira chamou os bombeiros. Para entrar, os bombeiros precisaram quebrar um vidro.

7 Movimento surgido durante a Segunda Guerra Mundial, depois do armistício de setembro de 1943 e da invasão da Itália pela Alemanha nazista. Formado por indivíduos e agrupamentos de múltiplas tendências (liberais, socialistas, comunistas, monarquistas e anarquistas), fazia oposição política e militar aos alemães e à República Social Italiana, instituída por Mussolini em Salò. [N.T.]

Minha mãe tinha se afeiçoado tanto àquela criança. Porém, ela saía sempre e deixava o menino lá. Tocava à minha mãe trocá-lo e dar-lhe as mamadeiras.

– Sinto muito – disse Osvaldo. – Pagarei o vidro.

– Não precisa. Teríamos ficado com ela de bom grado. Era também uma boa ação. Mas ela não tem bom senso. Acordava-nos à noite para que a ajudássemos a trocar o bebê. Dizia que lhe dava tristeza trocá-lo sozinha. Acordava ambas, eu e minha mãe, porque dizia que, quanto mais gente havia, melhor ela se sentia. Fazia até pena. Não dá para entender por que quis ter o bebê, se lhe dá tanta angústia criá-lo.

– Isso não dá para entender – disse Osvaldo. – Que nada, no fundo dá para entender perfeitamente.

– Então, hoje foi embora. Colocamos o bebê dentro daquela bolsa amarela. Ali não sente frio. Chamamos um táxi. Minha mãe teve que emprestar-lhe um cardigã, pois não tinha com que se agasalhar. Aquele casaco com os dragões ela queimou quando o passava.

– Que pena – disse Osvaldo.

– É pena. Era um bom casaco. Muito elegante. Mas deixou o ferro aceso em cima para ir telefonar. Ficou muito tempo conversando ao telefone com uma pessoa. Depois me disse que era Angelica. Bem no dorso do casaco, ali onde havia os dragões, ficou a queimadura do ferro. Por pouco não pegava fogo na tábua de passar. Minha mãe ficou tão assustada. Tenho medo por minha mãe. É velha. Ficava cansada e assustada. Se fosse por mim, talvez levasse adiante.

– Entendo. Sinto muito – disse Osvaldo.

9

18 de dezembro de 1970

Caro Michele,

Vi a moça da Via Prefetti. Mara. Que nome de história em quadrinhos. Era melhor Maria. Com um "i" a mais tudo podia ser diferente.

Levei-lhe um pouco de dinheiro. Pedi para mamãe. Osvaldo diz que em vez de dar-lhe dinheiro seria preciso ajudá-la a encontrar um emprego. O que não é simples, porque não sabe fazer nada. Osvaldo a colocara na casa da senhora Peroni. Parece que também existe uma velha mãe da senhora Peroni, uma octogenária, mas ativa, e moram em Montesacro. Mara devia ajudar um pouco na casa, elas a mantinham ali com a criança e davam-lhe alguma coisa por mês. Mas por pouco ela não ateou fogo na casa e precisaram chamar os bombeiros. Pelo menos foi isso que entendi de uma longa história confusa que ela me contou. Ali não havia muita comida, pelo menos é o que ela diz. Um pedacinho de bacalhau no almoço e outro pedacinho de bacalhau no jantar, requentado com cebolas. Ela não digeria o bacalhau e seguia adiante à custa de Alka-Seltzer. Além disso, levantava-se à noite morta de fome e andava às cegas pela casa à procura de queijo. Assim perdeu o leite. Mas Osvaldo diz que essa moça inventa mentiras. O bebê é bonitinho, porém não é seu. Tem boca grande e longas madeixas pretas. É verdade que poderia ter puxado as madeixas pretas de nosso pai. Agora ela e o bebê estão de novo na Via Prefetti.

Ray, o rapaz que você me mandou, ficou em casa durante uma semana. Mas discutia com Oreste. Uma vez chamou-o de "revisionista". Oreste ficou tão enfurecido com essa palavra que lhe deu um soco. Tirou-lhe sangue da boca. Eu temia que lhe tivesse quebrado os dentes.

Foi só o lábio, meio cortado. Fomos à farmácia, eu, Sonia e Ray. Oreste ficou em casa. Estava transtornado. Ray não estava transtornado. Mas seu lábio sangrava tanto que lhe sujou de sangue todo o anoraque. Na farmácia, disseram que não era nada e colocaram-lhe um esparadrapo. No dia seguinte, telefonei para Osvaldo e agora Ray está instalado no seu porão. Sonia leva-lhe comida e almanaques em quadrinhos para ler, porque ele quer aprender como se fazem os quadrinhos. Tem um amigo que faz histórias em quadrinhos e prometeu-lhe apresentá-lo ao diretor de um desses almanaques. Por isso, está continuamente tentando desenhar mulheres com seios imensos e olhos imensos. Viu suas corujas e desenhou também algumas corujas esvoaçando ao redor dos tais seios.

Mamãe enfiou na cabeça que Oreste o esmurrou por ciúme. Mas Oreste não teria motivo para sentir ciúmes, porque entre mim e Ray reina a mais absoluta indiferença. Não o acho simpático. Nem mesmo antipático. Eu o acho uma ameba. Segundo Oreste, tem ideias fascistas. Mas Oreste enxerga fascistas e espiões por toda parte. De resto, repito que entre Ray e eu não existe nada, e ele vai para a cama com a Sonia no seu porão, na sua cama e debaixo dos belos cobertores da mamãe. Contei à mamãe, e ela me disse para levar embora dali os cobertores e substituí-los por outros menos bonitos. Acho que não vou fazer isso, pois me parece um gesto antipático. Às vezes, mamãe tem ideias antipáticas. Porém, em geral elas ocorrem em relação a pessoas que nunca viu. Se visse o Ray, não gostaria de saber que está dormindo com cobertores feios. Lavei o anoraque de Ray, achando que podia ser lavado em casa, mas me enganei porque quando secou estava ressecado e duro como um pedaço de bacalhau.

Domingo fui almoçar na mamãe. Oreste não foi porque tinha um encontro de sindicalistas. Estive lá com minha filha. Osvaldo estava lá com a filha dele. Mamãe tem alguns coelhos. As meninas se divertiram com esses coelhos. Não sei como conseguiram se divertir, pois são sem graça e muito sonolentos. As gêmeas tiraram os coelhos das gaiolas, puxando-os pelas orelhas. Foram colocados na grama e nem sequer escapavam. São coelhos que soltam muito pelo. As gêmeas passam horas tirando esses pelos dos casacos. Era um dia de sol muito bonito. Mas mamãe parecia deprimida.

Creio que a morte do nosso pai a tenha derrubado. Creio que se pôs a repensar os anos em que viveram juntos. Tem vontade de chorar a toda hora, levanta-se e vai para outro aposento. Pendurou na sala de estar aquele quadro do papai em que ela está à janela, na casa de Pieve di Cadore. Você não lembra porque era pequeno, mas eu lembro perfeitamente. Foi um verão horrível. Eles não brigavam mais, porém pairava no ar a sensação de que alguma coisa estava para acontecer. Às vezes, de noite, ouvia mamãe chorar.

Eu não sabia qual dos dois estava certo ou errado. Nem sequer me perguntava. Sabia apenas que, do aposento onde estavam, vinham ondas de angústia que se propagavam por toda a casa. Nenhum canto da casa estava a salvo. A angústia estava por toda parte. Nós tínhamos nos divertido naquela casa por muitos verões. Era uma bela casa. Havia muitos lugares para brincar, havia um depósito de lenha, tantos esconderijos onde se esconder, havia perus no quintal. Você não se lembra. Depois chegou Cecilia, e fomos com ela a Chianciano. Após algumas semanas, nosso pai apareceu e disse que eles iam se separar. Disse que você ficaria com ele. Nós, as meninas, com a mamãe. Não havia explicações. Tinham decidido assim. Permaneceu em Chianciano dois ou três dias. Ficava sentado no saguão do hotel. Fumava. Pedia martínis. Quando Cecilia lhe dizia alguma coisa, ele lhe dizia para ficar quieta.

Talvez mamãe ainda esteja apaixonada por Filippo. Não sei. Sua relação com Filippo durou tantos anos, e ela esperava que ele viesse a ficar com ela. Mas ele se casou com uma mais jovem que eu. Não tinha coragem de dizer à mamãe que estava se casando e quis que eu também estivesse presente. Filippo não é corajoso. De qualquer modo, aquela foi uma manhã horrenda para mim. Foi em maio passado. Lembro que era maio porque a roseira que ficava embaixo da nossa janela na Via Villini estava carregada de rosas.

Na verdade, agora mamãe está muito sozinha. As gêmeas não lhe dão ouvidos. Você não está aqui. Viola e eu cuidamos de nossas vidas.

Está lá com Matilde. Matilde lhe dá nos nervos. Ainda assim, é alguma coisa, uma presença na casa, uma voz na casa, um passo naqueles aposentos onde nunca caminha ninguém. Vai-se saber por que mamãe comprou aquela casa enorme. Agora deve estar arrependida de tê-la comprado. Também deve estar arrependida de ter chamado Matilde, contudo sabe que a solidão total seria pior para ela. Porém, Matilde lhe dá nos nervos. Matilde a chama "minha queridinha" e a toda hora pergunta "como está", acariciando seu queixo e fitando-a nos olhos. De manhã, vai fazer ioga em trajes de banho no quarto dela, porque diz que é o único quarto realmente quente de toda a casa. Mamãe não é capaz de dizer para ela ir embora. Agora mamãe deu para ter uma índole boa. É capaz até de ficar ouvindo *Polenta e veneno*, o romance de Matilde, que Matilde pescou no fundo de um baú e quer corrigir, porque Osvaldo deixou escapar que Ada é muito ligada a um editor. É um tal Colarosa, um pequeno editor de meia-pataca. Acho que é o amigo de Ada, Matilde não tira esse editor da cabeça. Lê *Polenta e veneno* em voz alta para mamãe e Osvaldo todas as noites. Agora Osvaldo vai lá quase todas as noites. Ele e mamãe tornaram-se muito amigos. Nenhuma implicação sexual na amizade deles, é claro. Além do mais, não acredito que Osvaldo se interesse por mulheres. Acho que é um pederasta reprimido. Acho até que seja obscura e inconscientemente apaixonado por você. Não sei o que você pensa, mas é o que eu acho.

Gostaria de revê-lo. Eu estou bem. Flora vai ao jardim de infância. Almoça lá e volta às quatro. Sonia vai buscá-la, porque eu fico no escritório até as sete. O meu trabalho está cada vez mais aborrecido e tolo. Neste momento, devo traduzir um longo artigo sobre água pesada. Volto para casa e devo fazer as compras, o jantar e passar as camisas do Oreste, porque ele não quer as camisas que não precisam ser passadas. Depois ele vai ao jornal e eu adormeço diante da televisão.

Um abraço,

Angelica

10

– Eu a considero extremamente idiota – disse Mara.

– Você está enganada – disse Osvaldo.

– Extremamente – disse Mara.

– Ao contrário, tem momentos de rara perspicácia e profundidade. É limitada, isso sim. Mas de qualquer modo é minha mulher e peço-lhe que pare de chamá-la de idiota. Estou aqui há quinze minutos e você não disse outra coisa.

– Estão separados. Não é mais sua mulher.

– Fico aborrecido do mesmo jeito, quando as pessoas falam mal dela na minha frente.

– Acontece sempre?

– O que interessa?

– Não a acho nem bonita, nem elegante.

– Ao contrário, é bonita e às vezes é muito elegante.

– Ontem não estava elegante. Na vez anterior, também não. Está sempre com aquela peliça. É lobo americano. Desses lobos americanos as ruas estão cheias, chegam a saltar aos olhos. Não vi que corpo tem, porque não tirou a peliça. Tem pernas finas, mas os joelhos são grossos. Usa aqueles óculos grandes, com armação de tartaruga. Por que não usa aqueles óculos leves, com a armação invisível? Tem um pouco de buço. É oxigenado, mas está lá. Andava aqui com as mãos nos bolsos. Parecia estar nos estudando, a mim, ao bebê, ao apartamento. Ontem você lhe perguntou se achava o menino crescido, disse que era uma gracinha, mas como se dissesse "uma gracinha" a respeito de uma lâmpada. Não é gentil.

– No fundo, a Ada é tímida – disse Osvaldo.

– Para você todo mundo é tímido. E depois você disse que se viesse aqui ela logo traria eletricistas, pedreiros. Não trouxe ninguém. Não mexeu uma palha. Tudo o que soube dizer é que aqui cheira a privada. Isso eu já sabia.

– Não disse que "cheira a privada", disse "cheira a quintal" ou qualquer coisa do gênero.

– Eu não posso fazer nada contra o cheiro desta casa. Existem casas que fedem, e esta fede. Entre água sanitária e ácido muriático, você não sabe o dinheirão que gastei. Grandes conselhos sobre a casa ela não me deu. Só disse para eu comprar um escorredor de pratos na Upim. Que belo achado!

– Você comprou?

– Não. Não tive tempo. Passei mais de uma semana na casa das malditas Peroni. Elas não eram más, aliás eram bem gentis, mas me fizeram perder o leite com aquelas refeições à base de bacalhau. Voltei para cá, e chovia do teto. Chamei um pedreiro. Eu o chamei, não sua mulher. Depois me aconteceram as mais variadas desgraças. Tenho medo de precisar sair desta casa. A minha amiga, aquela que a emprestou, veio um dia com um japonês amigo dela, e disse que gostaria de montar uma butique de coisas orientais aqui. Eu disse que este apartamento não parecia adequado, no último andar, sem elevador, e com cheiro de privada. O japonês era muito gentil, disse que eu podia ser *"vendeuse"*[8] na butique. Minha amiga disse que, butique ou não butique, ela quer a casa de volta porque precisa de dinheiro. Então discutimos e nos despedimos com frieza. Só o japonês, ainda gentil, disse que me daria um quimono de presente, depois que lhe contei sobre meu casaco queimado. Assim, se ela me manda embora daqui, não sei para onde ir. É verdade que sempre poderia ir para o famoso porão. Michele não volta por enquanto.

– O porão é de Ada. Não sei o que ela pretende fazer com ele. Talvez queira alugá-lo.

8 Em francês: "vendedora". [N.T.]

– Deus, como vocês são apegados ao dinheiro! Eu não posso pagar nenhum aluguel. Talvez mais tarde. Aquele porão é bastante escuro e talvez até úmido, mas para mim serve. Seria cômodo, porque você mora no andar de cima e eu poderia chamá-lo de noite, quando precisar.

– Pretendo não ser acordado de noite – disse Osvaldo.

11

29 de dezembro de 1970

Caro Michele,

Sua irmã, Angelica, veio me visitar. Eu nunca a tinha visto. É simpática e muito bonita. Deu-me dinheiro. Sessenta mil liras. Com sessenta mil liras eu não faço nada, mas foi uma lembrança gentil. Sei que foi você quem disse para dar. Obrigada. Disse à sua irmã que um dia gostaria de ir fazer uma visita à sua mãe. Diz que sua mãe está passando por um período de muita depressão, mais para a frente, quando estiver menos deprimida, certamente poderei ir.

Angelica me deu o seu endereço, e assim posso lhe dar meus pêsames pela morte do seu pai. Mando também meus votos para o Natal e o Ano Novo. Na verdade, o Natal já passou. No dia de Natal estava sozinha e triste, o bebê estava com o nariz entupido e chorava, mas depois, à noitinha, veio um japonês que conheço e trouxe um quimono para mim. É um quimono preto com dois girassóis imensos, um atrás e outro na frente.

Dou-lhe a boa notícia de que encontrei um emprego. Já comecei. De manhã, levo o bebê à casa de uma senhora, que cuida de outros seis. Vou pegá-lo à noite. Pago vinte mil liras por mês. Quem me arranjou esse trabalho foi Ada, a mulher de Osvaldo. Ela também arranjou a senhora que cuida dos bebês. Considero essa Ada uma idiota, mas devo dizer que foi muito gentil comigo.

Trabalho para um editor chamado Fabio Colarosa. É amigo de Ada. Talvez durmam juntos. Vai-se saber. Osvaldo diz que já devem dormir juntos há dois anos. Ele é baixo, magro, com um nariz grande, comprido e curvo. Parece um pelicano. O escritório fica na Via Po. Tenho uma sala grande e fico sozinha. Colarosa tem outra sala grande e fica sozinho. Fica sentado à escrivaninha, pensando e, quando pensa, franze o nariz e a boca. De vez em quando fala ao ditafone, fechando os olhos e acariciando os cabelos bem devagarinho. Eu devo bater à máquina as cartas e todas as coisas que ele falou ao ditafone. Às vezes, ele grava no ditafone os seus pensamentos. São pensamentos complicados, e não compreendo o sentido. Devo também atender o telefone, mas nunca ninguém lhe telefona, a não ser Ada, de vez em quando. Em outra sala grande ficam dois rapazes que empacotam os livros e desenham as capas. Publicaremos também o livro da sua tia Matilde. Chama-se *Polenta e vinho*, ou qualquer coisa do gênero. A capa já ficou pronta. Há um sol e torrões de terra com uma enxada fincada, porque é uma história de camponeses. Os dois rapazes dizem que a capa parece o manifesto dos socialistas. O dinheiro para publicar esse livro está sendo dado pela sua mãe. Ela bem que podia dar para mim esse dinheiro, porque estou precisando. Ganho cinquenta mil liras por mês nesse lugar. Com cinquenta mil liras mensais eu não faço nada. Mas ele, o Colarosa, disse que vai me dar um aumento. Disse que não se importa absolutamente se eu não sei inglês.

Osvaldo contou que levou dois dias para convencer Ada a me recomendar a esse seu amigo Colarosa. Ela recomendou, mas disse-lhe que sou louca. Ele respondeu que não tem nada contra os loucos. Acho a resposta maravilhosa.

Ao meio-dia desço ao bar e tomo um *cappuccino* e como um sanduíche. Mas no outro dia, ele, Colarosa, viu que eu estava entrando no bar e me convidou para ir ao restaurante. Ele é bastante silencioso, mas não é daqueles silenciosos que fazem você se sentir mal, de vez em quando faz uma pergunta bem curta e escuta a resposta, franzindo o nariz e a boca. Eu me diverti. Não sei por que me diverti tanto, já que ele falava tão pouco. Explicou que quer fazer um livro com aqueles pensamentos que fala no ditafone. Perguntei-lhe se o livro da sua tia Matilde era bom, e respondeu que era uma grande porcaria. Mas ele o publicava para fazer um agrado a Ada, que quer fazer um agrado ao Osvaldo, que quer fazer um agrado à sua tia etc. etc. Além disso, todas as despesas serão pagas pela sua mãe.

O menino se parece com você. Tem os cabelos pretos e lisos; os seus, ao contrário, são crespos e ruivos, mas os cabelos dos bebês depois mudam e renascem diferentes. Tem os olhos cor de chumbo, você verdes, mas sabe-se que a cor dos olhos dos bebês também muda. Gostaria que o menino fosse seu, mas infelizmente não tenho certeza. Mas não pense que eu quero que você banque o pai dele quando voltar. Seria uma idiota se lhe pedisse isso, e também uma canalha, já que não sei ao certo se você é o pai dele. Dadas as circunstâncias, essa é uma criança sem pai, e às vezes me parece uma coisa terrível, às vezes estou muito bem-humorada e acho que está bem assim.

Com você eu me divertia. Não sei por que me divertia, mas não dá para entender por que com alguns a gente se aborrece e com outros a gente se diverte. Às vezes você estava de lua e não falava comigo. Eu falava e você respondia com um som gutural, sem abrir a boca. Agora, quando quero me lembrar de você, faço aquele som gutural e logo tenho a impressão de que o estou vendo. Comigo você estava quase sempre de lua, nos últimos tempos. Talvez achasse que eu estava muito grudada em você. Porém, eu não queria nada, queria apenas a sua companhia. Nunca pensei que você devia casar comigo, se quer saber, e, aliás, a ideia de me casar com você me fazia rir e me dava arrepios. É uma ideia que, se algumas vezes eu a tive, joguei fora correndo.

Senti muita pena de você daquela vez que tínhamos um encontro, e você chegou correndo, pálido, pálido, e disse que tinha atropelado uma freira. Depois, no porão, disse que ela tinha morrido. Estava com a cabeça enterrada no travesseiro, e eu o consolava. Mas, na manhã seguinte, você não falava mais comigo e, quando eu acariciava seus cabelos, fazia aquele som gutural e desviava a cabeça. Você tem um gênio péssimo, mas não é por isso que não quero casar com você. Não quero porque daquela vez e de muitas outras vezes senti pena de você, e eu gostaria de me casar com um homem que nunca me fizesse sentir pena dele, pois já sinto muita de mim mesma. Gostaria de me casar com um homem que me fizesse inveja.

Escreverei de vez em quando. Um abraço,

Mara

12

6 de janeiro de 1971

Caro Michele,

Foi muito bom falar com você ao telefone. Ouvia muito bem a sua voz. Osvaldo foi gentil ao me apanhar e deixar que lhe telefonasse da casa dele. Assim, ele também pôde lhe dar um alô.

Gostei de saber que você vai passear nos bosques com todos aqueles cães. Fico imaginando você caminhando nos bosques. Estou contente de ter pensado em mandar-lhe as botas, porque aí deve haver lama e mato úmido. Eu também teria bosques aqui nos arredores, se subisse até o alto do monte, aliás, Matilde propõe de vez em quando irmos passear lá em cima, mas à simples ideia de ver esvoaçar ao meu lado o mantô tirolês perco toda a vontade de passear. Porém, também não gosto de ir àqueles bosques sozinha, e as gêmeas nunca querem caminhar comigo. Assim, olho os bosques pelas janelas e me parecem lugares remotos. Talvez para caminhar no campo seja preciso estar tranquilo, ou mesmo contente, e assim eu desejo e espero que você esteja.

Não entendo o que está pensando em fazer. Segundo Osvaldo, devo deixá-lo em paz. Aí, você aprende inglês e dedica-se aos trabalhos domésticos, e isso, segundo ele, é uma coisa sempre útil. Mas gostaria de saber quando é que você pensa em voltar.

Fui com Osvaldo ao porão buscar seus quadros. No porão, estava aquele seu amigo, Ray, que agora está morando ali, como você sabe. Estava também uma tal de Sonia, amiga de Angelica, uma com rabo de cavalo preto. Havia mais gente ainda. Cerca de uma dúzia. Estavam sentados na sua cama e no chão. Quando entramos, empurrando a porta que estava aberta, não se moveram e continuaram a fazer o que estavam fazendo, isto é, nada. Sonia ajudou-nos a levar os quadros até o carro. Os demais não se moveram. Ao chegar a casa, pendurei todos os seus quadros. Não os acho nada bonitos, mas num certo sentido é melhor que não sejam bonitos, já que você parou de pintar. Osvaldo disse que talvez você tenha parado para sempre. Só o diabo sabe o que você irá fazer agora. Osvaldo diz que não devo pensar nisso. Alguma coisa há de fazer.

Foi terrivelmente melancólico rever o seu porão. Tenho a impressão de que para Osvaldo também foi. A cama estava desarrumada e vi ali os cobertores que tinha comprado para você. Não ligo para esses cobertores, mas tinha dito a Angelica para apanhá-los. Não é que ela esteja nadando em cobertores.

Passamos o Natal sozinhas, eu e Matilde. As gêmeas estavam esquiando em Campo Imperatore. Angelica e Oreste foram à casa de uns amigos, uns tais Bettoia, que eu não conheço. Viola e Elio passaram no campo com os sogros. Mesmo assim Matilde tinha feito uma espécie de almoço de Natal, embora estivéssemos somente eu e ela para comer na cozinha. Cloti tinha ido para sua aldeia, e achamos que não voltaria mais, já que viajou levando quase todas as suas roupas. Matilde fez capão recheado com uvas passas e castanhas e fez também *bavaroise*. Assim, a cozinha ficou atulhada de pratos sujos, mesmo porque o lava-louças estava quebrado. Depois do almoço Matilde foi dormir, dizendo que as gêmeas lavariam os pratos quando voltassem. Matilde tem ilusões quanto às gêmeas. Lavei e enxuguei os pratos. No fim da tarde, apareceu Osvaldo, com sua filha Elisabetta e o cachorro. Ofereci-lhes os restos da *bavaroise*. A menina não tocou na *bavaroise* e pôs-se a ler os gibis das gêmeas. Osvaldo consertou o lava-louças. Quando estavam de saída, apareceu Matilde e ficou brava porque não fora acordada. Disse que tinha ido dormir por puro tédio, visto que nessa casa não vem ninguém nos visitar. Insistiu para que ficassem para o jantar e eles ficaram. Assim, depois havia muito mais pratos para lavar, já que o lava-louças logo quebrou de novo, lançando jatos de água no chão, quando o liguei. No dia seguinte, contra todas nossas expectativas, vimos Cloti reaparecer. Trouxe-nos uma cesta de maçãs que Matilde devora a dentadas, dizendo que a cada meia hora ela deveria comer uma maçã, para sentir-se realmente saudável.

Osvaldo passa por aqui quase todas as noites. Segundo Matilde, está apaixonado por mim, mas Matilde é uma tonta. Creio que venha por força da inércia, depois de adquirido o hábito. Antes vinha para ouvir o romance *Polenta e veneno*, mas agora, graças a Deus, acabou. Matilde lia com sua voz rouca e profunda, enquanto eu e Osvaldo permanecíamos ali exaustos e sonolentos. Agora, Osvaldo o empurrou para um editor amigo de Ada. Pagarei eu as despesas, porque Matilde pediu e eu não soube dizer não.

Não entendo esse Osvaldo. Não é antipático, mas me aborrece. Fica ali sentado até meia-noite. Folheia revistas. Raramente conversa. Em geral, espera que eu fale. Faço algum esforço para conversar, porém os meus assuntos com ele são poucos. Ainda quando havia *Polenta e veneno*, dormia-se, mas havia uma razão para estarmos sentados ali. Agora, eu não vejo nenhuma. No entanto, devo dizer que quando o vejo aparecer fico feliz. Acostumei-me. Quando o vejo aparecer, sinto um estranho alívio, misturado com tédio.

Um abraço,

Sua mãe

Perguntei ao Osvaldo se aquela moça, Mara Pastorelli, estava no porão quando fomos buscar os seus quadros. Disse que não. Não é amiga deles, é de outra turma. Mandei-lhe dinheiro através de Angelica. Segundo Angelica e Osvaldo, precisava mandar-lhe dinheiro porque estava numa situação desesperadora, com aquela pobre criança. Agora lhe arranjaram um emprego no mesmo editor amigo de Ada. Essa Ada é sempre providencial.

13

8 de janeiro de 1971

Caro Michele,

Ontem foi aberto o testamento do seu pai. O testamento estava com Lillino. Seu pai o escreveu logo que começou a não se sentir bem. Eu não sabia de nada. Estávamos no escritório do tabelião, eu, Lillino, Matilde, Angelica, Elio e Viola. Oreste não tinha vindo, pois tinha um compromisso qualquer em seu jornal.

Seu pai deixa para você uma série de seus quadros, aqueles feitos entre 1945 e 1955, a casa da Via San Sebastianello e a torre. Tenho a impressão de que suas irmãs venham a receber muito menos que você. Elas ficaram com aquelas propriedades perto de Spoleto, muitas foram vendidas, mas ainda há algumas. Para Matilde e Cecilia seu pai deixou um móvel, o guarda-louça barroco piemontês, e no mesmo instante Matilde observou que será aproveitado por Cecilia, porque ela não sabe o que fazer com o móvel. Imagine o grande proveito que terá Cecilia, que está meio cega e caduca.

Você precisa nos avisar o que pretende fazer com a casa da Via San Sebastianello, se quer vendê-la, alugá-la ou ir morar nela. A torre, como você sabe, aquele arquiteto já tinha começado a reformá-la, e agora está tudo parado. Os projetos que seu pai assinou implicam gastos enormes. Lillino diz que devemos ir eu e ele ver essa torre e os trabalhos que já foram feitos. Lillino não viu a torre, mas diz que nunca será um grande investimento, pois seria preciso construir uma estrada na rocha para poder chegar lá de automóvel. Agora se chega apenas a pé, escalando-se um atalho entre as rochas. Não tenho muita vontade de escalar aquelas rochas com o Lillino.

Gostaria que você viesse para ver e decidir. Eu não posso decidir por você. O que vou decidir, se não entendi onde e como você deseja viver?

Sua mãe

14

12 de janeiro de 1971

Cara mamãe,

Obrigado por suas cartas. Escrevo-lhe às pressas porque deixo Sussex e parto para Leeds com uma moça que conheci aqui. Essa moça deve ensinar desenho numa escola de Leeds. Eu acho que poderei lavar pratos e acender as caldeiras nessa mesma escola. Adquiri uma grande destreza e rapidez em acender caldeiras e lavar pratos.

Os dois com quem morava aqui, o professor e a mulher dele, são excelentes pessoas e nos despedimos em bons termos. Ele é ligeiramente bicha, mas ligeiramente. Ensinou-me a tocar trompete.

Leeds não deve ser grande coisa como cidade. Vi cartões-postais. A moça que acompanho, como moça não é grande coisa, não é estúpida mas um pouco enjoadinha. Eu a acompanho pois já estava cansado daqui.

Pediria que me mandasse um pouco de dinheiro em Leeds com certa urgência. Ainda não sei onde ficarei lá, mas pode mandar o dinheiro aos cuidados da mãe dessa moça, cujo endereço acrescento abaixo. Para o mesmo endereço, mande-me, por favor, os *Prolegômenos*, de Kant. Isso também eu queria com certa urgência. Você vai encontrá-lo no porão. Aqui existe, mas em inglês, e eu já o acho difícil em italiano. Talvez possa ser encontrado na biblioteca, mas eu não sou amigo de bibliotecas. Obrigado.

Não posso voltar por enquanto. Na verdade, não é que não possa voltar neste momento, mas é que não tenho vontade de voltar. Não vejo por que você não vai morar na casa da Via San Sebastianello, já que pelas cartas me parece sem ânimo e entediada de morar no campo.

A respeito da torre, decidam vocês. Não creio que vá viver algum dia naquela torre, nem no inverno, nem no verão.

Se não for morar na Via San Sebastianello, talvez possa deixar ir morar lá aquela moça, Mara Pastorelli, a quem você mandou dinheiro. Ela mora, como você sabe, numa casa na Via Prefetti, mas talvez não esteja bem instalada. A casa da Via San Sebastianello é muito cômoda. Tenho uma boa lembrança de lá.

Diga a Matilde que lhe desejo os melhores votos pelo seu romance *Polenta e vinho*, que está para sair. Um abraço para as gêmeas e para os outros.

Michele

Escreva-me aos cuidados de Mrs. Thomas, 52, Bedford Road, Leeds.

15

25 de janeiro de 1971

Caro Michele,

Aconteceu uma coisa muito estranha e sinto necessidade de contá-la imediatamente a você. Ontem, eu e Fabio fizemos amor. Fabio é o editor Colarosa. É o pelicano. Você não tem ideia de como se parece com um pelicano. É o amigo de Ada. E o roubei de Ada.

Convidou-me para ir ao restaurante. Depois me acompanhou até a minha casa, porque era feriado, e o escritório não abria de tarde. Disse que gostaria de subir para ver o menino. Ada tinha lhe falado do menino. Expliquei-lhe que o menino não estava. Eu o tinha levado à casa daquela senhora. Disse que gostaria de ver minha casa. Eu tinha vergonha do cheiro de privada que não sai. Além disso, ao sair, tinha deixado tudo de pernas para o ar. Mas, como estava insistindo, deixei-o subir. Sentou-se na única poltrona, de pano puído. Preparei-lhe Nescafé. Servi numa xícara de plástico rosa, que me foi dada por uma amiga numa pensão. Não tenho outras xícaras. Estou sempre para ir comprar na Standa, mas nunca tenho tempo. Depois de beber o Nescafé, começou a andar de um lado para outro, franzindo o nariz. Perguntei se por acaso não sentia um cheiro ruim. Disse que não. Disse que tem um nariz grande, mas não sente os cheiros. Eu tinha arrumado a cama e sentei-me nela, ele sentou ao meu lado e assim fizemos amor. Depois, eu fiquei pasma. Depois, ele adormeceu. Eu olhava o seu grande nariz adormecido. Dizia: "Deus, estou na cama com o pelicano".

Eram cinco horas e eu tinha que ir apanhar o menino. Ele acordou enquanto eu me vestia. Disse que gostaria de ficar ali mais um pouco.

Fui e voltei com o menino. Continuava deitado ali, ergueu o nariz para olhar o menino, disse que era bonito. Depois continuou como estava antes. Preparei o leite para o bebê e gostei que ele estivesse ali, porque quando preparo o leite não gosto de ficar sozinha. Deveria ter-me acostumado, porque estou quase sempre sozinha, mas não me acostumo. Tinha um lombinho para o jantar, preparei-o e comemos metade cada um. Enquanto comíamos, disse-lhe que o achava idêntico a um pelicano. Diz que alguém já lhe disse a mesma coisa. Não lembra quem. Eu disse: "Talvez Ada", e percebi que não estava com muita vontade de falar de Ada, mas eu sim. Não disse que a considerava uma idiota. Disse que achava que ela era um tanto insuportável. Começou a rir. Perguntei se tinha comido o suficiente. Disse que os pelicanos comem pouco. Passou toda a noite. De manhã, vestiu-se e foi embora. Vimo-nos de novo no escritório. Estava lá sentado com o seu ditafone. Quando entrei, deu uma piscada. Mas não disse nada. Tratou-me por senhora. Entendi que no escritório ele quer fazer de conta que nada aconteceu. Não me convidou para ir ao restaurante. Ada veio apanhá-lo. Então, agora estou com fome, depois de ter comido desde ontem à noite só meio lombinho, dois *cappuccini*, um sanduíche. Agora vou descer e comprar um pouco de presunto para mim.

Não sei quando voltará. Não me disse quando voltará. Tenho a impressão de que estou apaixonada. Ele não me dá pena, como às vezes você me dava. Tenho inveja dele. Tenho inveja porque tem um jeito sonhador, estranho e misterioso. Às vezes, você também tinha um jeito sonhador, mas os seus segredos pareciam brincadeiras de rapazes. Ele, ao contrário, tem jeito de quem guarda segredos verdadeiros, que não contará nunca a ninguém e são complicados e muito estranhos. Tenho inveja dele por isso. Porque eu não tenho nem mesmo meio segredo.

Há muito tempo não fazia amor. Não tinha feito mais amor desde que o menino nasceu. Um pouco porque não me apareceu ninguém. Um pouco porque eu não tinha mais vontade. O japonês é bicha. Osvaldo nem sonha em fazer amor comigo. Ou ele também é bicha ou eu não o atraio. Não sei.

Agora Angelica virá me apanhar, para irmos à casa de uma amiga dela que tem um carrinho de bebê. Está no vão da escada e não precisa mais dele. Angelica diz que devemos lavá-lo com lisofórmio.

Não sei se contarei a Angelica sobre o pelicano. Eu a conheço pouco e talvez ela acabe pensando que vou para a cama com o primeiro que aparece. Mas talvez lhe conte, pois estou morrendo de vontade de contar. Logo que encontrar o Osvaldo, conto-lhe com certeza. Roubei o pelicano da Ada.

Um abraço,

Mara

Angelica veio. Fomos pegar o carrinho de bebê. É um ótimo carrinho. Contei tudo a ela enquanto estávamos na rua.

Angelica me deu o seu novo endereço. Disse que a cidade de Leeds para onde você foi agora é uma cidade cinzenta e muito chata. Sabe lá o diabo o que você foi fazer em Leeds. Angelica disse que você foi correndo atrás de uma moça. Fiquei com ciúme dessa moça na hora. Não tenho nenhum interesse por você, tenho só amizade, e mesmo assim sinto ciúme de todas as moças que você encontra.

16

Angelica levantou-se. Era domingo. Fazia dois dias que a filha estava hospedada na casa de uma amiga. Oreste estava em Orvieto. Caminhou descalça pela casa, abrindo as persianas. Era uma manhã ensolarada e úmida. Da pequena praça diante da casa subia um cheiro de confeitaria. Encontrou na cozinha os seus chinelos verdes de tecido atoalhado e calçou-os. Encontrou sobre a máquina de escrever na sala de jantar a sua touca de borracha branca para tomar banho e colocou-a, enfiando nela todo o cabelo. Depois do banho, vestiu um roupão vermelho, úmido, porque Oreste usara-o à noite. Preparou o chá. Sentou na cozinha, tomando o chá e lendo o jornal do dia anterior. Tirou a touca e os seus cabelos tornaram a cair sobre os ombros. Foi se vestir. Vasculhou na gaveta das meias-calças, porém todas estavam desfiadas. Por fim, encontrou um par não desfiado, mas com um buraco no dedão. Calçou um par de botas. Enquanto amarrava as botas, pensou que não amava mais Oreste. A ideia de que estivesse em Orvieto durante todo aquele dia dava-lhe uma profunda sensação de liberdade. Ele também não a amava mais. Ela achava que ele devia estar apaixonado por uma moça que cuidava da página feminina em seu jornal. Depois pensou que talvez nada daquilo que tinha pensado era verdade. Pôs seu vestido azul e raspou com a unha uma mancha branca na saia. Era uma mancha de leite e farinha. Na noite anterior, tinham feito filhós de maçãs, ela, Oreste e os Bettoia. Enquanto comiam os filhós, tinha pousado a cabeça no ombro de Oreste e ele a abraçara por alguns instantes. Depois, repentinamente, desencostara a cabeça dela e dissera que estava com calor. Tirara o paletó. Chamara sua atenção por manter o termossifão muito alto. Os Bettoia também estavam sentindo calor. Os filhós estavam um pouco encharcados demais de óleo. Juntou os cabelos diante do espelho e contemplou o seu rosto longo, pálido e sério.

Tocaram à porta. Era Viola. Vestia um casaquinho novo, preto, guarnecido de leopardo. Na cabeça, tinha uma boina de leopardo. Tinha os cabelos pretos caídos nos ombros, lisos e brilhantes. Os olhos eram castanhos, sombreados de azul. O nariz era gracioso, pequeno, a boca era pequena, com o lábio superior saliente sobre os dentes grandes e alvos. Tirou o casaco e estendeu-o com cuidado sobre o baú que havia na entrada. Trazia sob o casaco uma malha vermelha de decote redondo. Angelica serviu-lhe chá. Viola fechou as mãos ao redor da xícara porque estava com frio. Perguntou a Angelica por que mantinha tão baixo o termossifão.

Viera para lhe dizer que não achava justo o testamento. Não achava justo, principalmente, que o pai tivesse deixado a torre para Michele. Ela e Elio achavam que seria muito bom elas, as irmãs, terem a torre para passar o verão. Michele não ia fazer nada com aquela torre. Angelica disse que não tinha visto a torre, mas sabia que para torná-la habitável era preciso gastar muito dinheiro, que ela não tinha. E, de resto, a torre era de Michele. "Idiota", disse Viola, "para ter o dinheiro, basta vender um pedaço das terras em Spoleto." Pediu um biscoito, visto que tinha saído sem o café da manhã. Angelica não tinha biscoitos, apenas *grissini* despedaçados num saquinho de celofane. Viola pôs-se a comer os *grissini*, mergulhando-os no chá. Pensava estar grávida, disse, estava com um atraso de dez dias. De manhã tinha uma estranha sensação de moleza. "Não se sente nada nos primeiros dias", disse Angélica. "Amanhã farei o teste da coelha", disse Viola. Tinha calculado que a criança nasceria no começo de agosto. "Um mês péssimo para ter um filho", disse, "morrerei de calor, será terrível." Dali a dois anos todos poderiam se encontrar na torre. Elio poderia catar mariscos nas pedras. Ele gostava tanto de catar mariscos. Comeriam deliciosas sopas de mariscos. Teriam um fogareiro para preparar bistecas na brasa ao ar livre. Oreste e Elio fariam pesca submarina. Então, em vez de bistecas, preparariam chernes. "Oreste nunca praticou pesca submarina", disse Angelica. Tocou o telefone. Angelica foi atender. Era Osvaldo. Disse-lhe que Ray tinha sido ferido na cabeça durante uma manifestação. Estava no Policlinico. Disse-lhe que fosse para lá.

Angelica vestiu a peliça. Disse a Viola que a acompanhasse de carro, porque ela estava sem, Oreste o tinha levado. Nas escadas, Viola disse que não tinha vontade de acompanhá-la. Não se sentia bem, sentia-se cansada. Angelica disse que tomaria um táxi. Enquanto entrava no táxi, Viola mudou de ideia e disse que a levaria. O taxista praguejou.

No carro, Viola recomeçou a falar da torre. No alto mandariam fazer um belvedere, e ali sempre colocaria a criança em seu carrinho. Lá em cima haveria uma grande quantidade de ar. "Como toda essa quantidade de ar?", disse Angelica. "O que eu sei é que na Ilha do Giglio faz calor. Acho que no tal belvedere baterá muito sol e a criança será assada viva." "Colocaremos toldos", disse Viola. "Depois colocaremos pisos de arenito em todas as dependências. São frescos. São fáceis de lavar e mais resistentes do que as maiólicas." Angelica disse lembrar-se de que o pai já tinha escolhido e comprado montes de maiólicas. E de qualquer modo a torre era de Michele. "Michele jamais porá os pés lá", disse Viola. "Michele jamais se casará, jamais terá sua própria família. É homossexual." "Você está sonhando", disse Angelica. "É homossexual", disse Viola, "não entendeu que ele e Osvaldo eram amantes?" "Você está sonhando", disse Angelica. Enquanto dizia "você está sonhando", percebeu que sempre tinha achado a mesma coisa. "Michele tinha uma namorada aqui e o filho dessa moça provavelmente é dele", disse. "Porque é ambidestro", disse Viola. "Osvaldo tem uma filha", disse Angélica, "ele também é ambidestro?" "É", disse Viola.

"Pobre Michele", disse Viola. "Quando penso no Michele, sinto um aperto no coração." "Não sinto nem um pouco de pena do Michele", disse Angelica. "Quando penso nele sinto alegria." Porém, sentia um aperto no coração e uma sensação de desmoronamento. "Michele agora está morando com uma moça em Leeds", disse. "Eu sei", disse Viola. "Nunca encontra paz. Vai de um lugar para outro. Tenta uma coisa, depois tenta outra. Quem o arruinou foi o nosso pai. Ele o adorava e mimava. Tirou-o de nós e da mamãe. Não cuidava dele. Ele o adorava e não cuidava dele. Deixava-o sempre sozinho em casa, com velhas cozinheiras. Foi assim que Michele se tornou homossexual. Por causa da solidão. Tinha saudades da mamãe e das irmãs, e então a pessoa se torna homossexual, quando pensa nas mulheres como uma coisa desejada e ausente. Foi meu analista que disse. Você sabe que frequento um analista." "Eu sei", disse Angelica. "Não conseguia nunca dormir", disse Viola, "tinha um sentimento de apreensão. Desde que frequento o analista, estou dormindo mais." "Mesmo assim Michele não é homossexual", disse Angélica, "não é ambidestro. É normal. E mesmo que fosse ambidestro, não vejo por que deveríamos tirar-lhe a torre."

Viola disse que ela também entraria um instante no Policlinico. Encontraram Osvaldo, Sonia e Ada na sala de espera do pronto-socorro. Osvaldo fizera Ada vir porque ela tinha um médico amigo no Policlinico. Sonia segurava no braço o anoraque de Ray. Estava a seu lado quando o jogaram no chão. Ela conhecia os que o tinham jogado. Eram uns fascistas. Portavam correntes. Ada viu passar o médico seu amigo e foi atrás dele. O médico disse que Ray não tinha nada de sério e podia voltar para casa.

Viola e Ada tomaram qualquer coisa no bar. Ada pediu um café e Viola um licor quente de quina. Viola disse que estava de saída pois sentia um tremor nos joelhos. Tinha se emocionado e depois os hospitais deixavam-na impressionada. Vira um enfermeiro passar com uma bacia de gaze ensanguentada. Tinha medo de abortar. Ada perguntou-lhe de quantos meses estava. Um mês, disse Viola. Ada disse que no sétimo mês tinha velado no hospital durante noites e noites uma empregada sua, com uma lesão no peritônio.

Ray saiu do pronto-socorro com a cabeça enfaixada. Ada e Viola tinham ido embora. Sonia e Angelica entraram com Ray no *cinquecento* de Osvaldo. Foram para a casa de Osvaldo. Ray deitou-se no sofá da sala. Era uma grande sala de estar, com sofás e poltronas de forros maltratados e puídos. Osvaldo trouxe uma garrafa de Lambrusco. Angelica tomou um copo e aninhou-se com a cabeça apoiada no braço da poltrona. Via Osvaldo e Sonia entrarem e saírem da cozinha. Via as costas largas de Osvaldo metidas no cardigã de camelo e sua cabeça grande e quadrada de raros cabelos loiros. Pensou que estava contente de estar ali com Osvaldo, Sonia e Ray, e que estava contente por Viola e Ada terem ido embora. Pensou que a vida era boa. Pensou que Osvaldo, como dizia Viola, talvez fosse amante de Michele, mas isso lhe pareceu difícil de imaginar e de qualquer modo não tinha importância. Ray adormecera, cobrindo a cabeça com um *plaid*. Osvaldo trouxe uma sopeira, pousando-a na mesinha de vidro diante do sofá. Sonia trouxe os pratos fundos. Ray acordou e comeram espaguete temperado com azeite, alho e pimenta vermelha. Passaram a tarde fumando, ouvindo discos, bebendo Lambrusco e trocando algumas palavras de vez em quando. Quando escureceu, Ray desceu para o seu porão e Sonia ficou com ele.

Angelica precisava voltar para casa e Osvaldo acompanhou-a. Não estava com vontade de ficar sozinho, disse, juntos, os quatro, tinham passado uma tarde maravilhosa sem fazer nada.

Em casa, Angelica esperou à janela o retorno da filha. Osvaldo começara a ler um livro que tinha encontrado em cima da máquina de escrever. Era *Dez dias que abalaram o mundo*. Angelica viu a filha descer do carro. Cumprimentou com um aceno de mão os amigos que a hospedaram.

A menina estava alegre e cansada. Fora a Anzio e brincara no pinheiral. Já tinha jantado, no restaurante. Angelica contemplou-a enquanto se despia e ajudou-a a abotoar o pijama. Apagou a luz e beijou os cachos louros que saíam das cobertas. Foi à cozinha, pegou uma faca e um jornal e raspou o barro das botinhas da filha. Pôs para esquentar ervilhas congeladas e cortou sobre elas sobras de presunto. Oreste voltaria tarde. Sentou na poltrona perto de Osvaldo, tirou as botas e observou o buraco na meia, que se tornara muito maior. Osvaldo continuava a ler. Ela pousou a cabeça sobre o braço da poltrona e adormeceu. Sonhou com a palavra "ambidestro". No sonho, havia apenas essa palavra e maiólicas espalhadas num pinheiral. Foi acordada pelo telefone. Era Elio. Pedia-lhe que, se possível, fosse à casa deles. Viola tinha perdido sangue. Estava chorando e queria alguém. Elio disse que tinha sido estupidez arrastá-la até o hospital. Ficara emocionada e tivera um aborto. Talvez não fosse um aborto, disse Angelica, talvez fosse uma simples menstruação. Era provavelmente um aborto, disse Elio, e Viola estava desesperada porque quisera muito uma criança. Angelica tornou a amarrar as botas e disse a Osvaldo para permanecer ali até Oreste chegar. Saiu e foi à casa de Viola.

17

Leeds, 15 de fevereiro de 1971

Cara Angelica,

Escrevo-lhe uma coisa que talvez a deixe espantada. Vou me casar. Peço-lhe que vá até o escritório da Piazza San Silvestro e solicite os documentos necessários. Não sei quais documentos são necessários. Vou me casar tão logo obtenha os documentos.

Vou casar com uma garota que conheci em Leeds. Na verdade, não é uma garota, porque é divorciada e tem dois filhos. É americana. Leciona física nuclear. Os filhos são encantadores. Eu adoro crianças. Não aquelas muito pequenas, mas as de seis, sete anos como essas. Eu os acho muito divertidos.

Não vou ficar lhe contando como é essa garota com quem me casarei. Tem trinta anos. Não é bonita. Usa óculos. É muito inteligente. Eu adoro a inteligência.

Parece que vou conseguir um emprego. Estão procurando um professor de italiano num colégio de moças, sempre aqui em Leeds. Até agora lavei pratos num outro colégio, onde lecionava a moça com quem eu tinha vindo, Josephine. Vocês ainda podem me escrever aos cuidados da mãe de Josephine. Ainda não tenho um apartamento, mas estou procurando. Eileen, a garota com quem vou me casar, mora com os pais e os filhos, e a casa é pequena. Não tem lugar para mim. Ocupo um quarto numa pensão, da qual não lhes dou o endereço porque mudarei.

Talvez escreva também para mamãe, enquanto isso você pode começar a contar-lhe. Conte devagar, já que esse é o tipo de notícia que pode transtorná-la. Diga-lhe para ficar tranquila, que refleti. Talvez iremos à Itália nos feriados da Páscoa, e assim vocês poderão conhecer Eileen e as crianças.

Um abraço. Mande-me os documentos rapidamente.

Michele

18

Leeds, 15 de fevereiro de 1971

Cara Mara,

Comunico-lhe que vou me casar. A mulher com quem me caso é extraordinária. É a mulher mais inteligente que já encontrei.

Escreva-me. Suas cartas me divertem. Eu as li para Eileen. Eileen é minha mulher. Quer dizer, é aquela que será minha mulher daqui a vinte dias, logo que tiver os documentos. Divertimo-nos muito com o seu pelicano.

Envio-lhe um pacote com doze macacõezinhos atoalhados para o bebê. Eileen quis que os enviasse. Eram dos filhos dela e estavam guardados. Diz que são muito confortáveis. Podem ser lavados na máquina. É verdade que talvez você não tenha uma máquina de lavar.

Cuide bem deles, porque posso pedi-los de volta, caso eu e Eileen tenhamos filhos. Eileen pediu para lhe dizer que não deve jogá-los fora.

Parabéns pelo pelicano.

Michele

19

Leeds, 15 de fevereiro de 1971

Caro Osvaldo,

Desculpe-me por não lhe ter escrito desde que parti. As breves palavras que trocamos ao telefone, quando você ligou para me dizer que meu pai tinha morrido, e que minha mãe estava em sua casa, são quase nada e dou-me conta de que deveria ter-lhe escrito para dar notícias detalhadas sobre mim. Porém, você sabe que não é do meu feitio dar notícias muito detalhadas a meu respeito.

Soube que você frequenta muito os meus familiares, que passa os serões com minha mãe, que vê minhas irmãs. Isso me dá muito gosto.

Comunico-lhe uma coisa que talvez o surpreenda. Decidi me casar. A garota com quem vou me casar chama-se Eileen Robson. É divorciada. Tem dois filhos. Não é bonita. Aliás, em certos momentos chega a ser muito feia. Muito, muito magra. Coberta de sardas. Com óculos enormes como Ada. Porém, é mais feia do que Ada. Talvez seja aquilo que se chama de um tipo.

É muito inteligente. Sua inteligência me fascina e tranquiliza. Talvez por eu não ser muito inteligente, mas apenas esperto e sensível. Por isso, sei o que é a inteligência e sei o que me faltou. Se escrevi "esperto e sensível" é por lembrar que uma vez você me definiu assim.

Não poderia viver com uma mulher burra. Não sou muito inteligente, mas adoro e venero a inteligência.

No meu porão, acho que no fundo de uma gaveta da cômoda, há um cachecol. É um cachecol lindo, de *cashmere* verdadeiro, branco com listras azul-celeste. Foi presente do meu pai. Gostaria que você fosse procurá-lo e o usasse. Ficaria contente em saber que você traz esse cachecol no pescoço, quando caminha à beira do Tibre, ao sair da sua lojinha. Não esqueci as nossas longas caminhadas à beira do Tibre, indo e vindo ao pôr do sol.

Michele

20

22 de fevereiro de 1971

Caro Michele,

Não encontrei o cachecol de *cashmere*. Mas comprei um, acho que não é de *cashmere*, e sem listras azuis, um simples cachecol branco. Uso e imagino que é o seu. Percebo que é um substituto. Todos nós vivemos de substitutos.

Vou sempre visitar sua mãe, que é muito simpática, e frequento, como lhe disseram, os seus familiares.

De resto, minha vida é aquela que você conhece, digamos sempre a mesma. Vou à lojinha, ouço a senhora Peroni queixar-se das varizes e da artrite, folheio o livro-caixa, converso com os raros clientes, acompanho Elisabetta à ginástica e vou buscá-la, caminho à beira do Tibre, estou com as mãos no bolso, apoiado na ponte e vejo o pôr do sol.

Desejo-lhe muita felicidade pelo seu casamento, e mandei-lhe de presente uma edição de *Les Fleurs du mal* encadernada em marroquim vermelho.

Osvaldo

21

23 de fevereiro de 1971

Caro Michele,

Angelica está aqui em casa, dizendo que você vai se casar. Diz que você lhe disse para me contar bem devagar de modo a não me deixar transtornada. Ela, ao contrário, disse rápido e sem demora, mal entrou no quarto. Angelica me conhece melhor do que você. Sabe que eu vivo constantemente transtornada, que nada me transtorna mais. Você poderá achar estranho, mas eu não me surpreendo e nem me espanto mais com nada, vivendo num estado constante de espanto e estupor.

Há dez dias estou acamada, por isso não lhe escrevi mais. Chamei o doutor Bovo, aquele médico do seu pai que mora na Via San Sebastianello, no quarto andar. Peguei uma pleurite. Acho imensamente estranho escrever "peguei uma pleurite", porque nunca tive nada na minha vida e sempre me considerei bastante forte. Eram sempre os outros que ficavam doentes.

Angelica fez-me ler a sua carta. Algumas frases dessa carta me surpreenderam, embora a essa altura eu seja, como lhe disse, essencialmente imune ao estupor. "Eu adoro a inteligência", "eu adoro crianças". Para falar a verdade, ignorava que você amasse a inteligência e as crianças. Essas frases, porém, deixaram-me uma impressão fundamentalmente positiva. Como se você enfim buscasse atingir a clareza e a determinação. Como se você finalmente buscasse fazer escolhas definitivas.

Alegro-me por revê-lo na Páscoa, e por poder conhecer a sua mulher e os filhos dela. A perspectiva de ter crianças em casa me cansa só de pensar, mas como vou revê-lo, acolherei vocês todos com grande alegria.

O fato de que a mulher com quem você vai se casar tem trinta anos não me parece um fato negativo. É evidente que você precisa de uma mulher mais velha por perto. Precisa de afeto materno. Isso porque quando você era criança seu pai o tirou de mim. Deus o perdoe, se Deus existe, coisa que não deve ser de todo excluída. Às vezes, penso como ficamos pouco juntos, você e eu, e como nos conhecemos mal, e como julgamos superficialmente um ao outro. Eu o acho tão bobo, não sei se é de fato bobo, ou obscuramente sábio.

Parece que finalmente meu telefone será instalado, graças a Ada, que foi pessoalmente à Companhia Telefônica, tão logo soube que eu estava doente.

Ia me esquecendo de lhe contar uma coisa muito importante. Osvaldo diz que Ada compraria de bom grado a sua torre. Seria uma grande coisa, pois assim você se livraria de um estorvo, ainda que na verdade nunca pense nessa torre. Viola e Elio queriam comprá-la, mas foram vê-la e ficaram decepcionados, dizem que para se chegar lá, subir aquele caminho íngreme, é uma canseira. Depois, essa torre parece que vai desabar só de encostar nela. O tal arquiteto ainda não fez nenhuma reforma, tudo o que fez foi ir até lá com uns pedreiros, arrancar uma pia e derrubar uma parede. A pia agora está jogada lá no meio das urtigas. As maiólicas foram escolhidas e compradas, mas ainda estão na fábrica, que já está reclamando. Segundo Ada, esse arquiteto é um verdadeiro imbecil. Ela foi ver a torre, levando seu próprio arquiteto. Quer fazer uma piscina, uma escadinha que desce até o mar, uma estrada. Soube-se que seu pai pagou pela torre não um milhão, como dizia, mas dez. Ada daria quinze por ela. Você terá que decidir.

Acho que você está precisando de camisas e meias, e talvez de um terno escuro. Eu agora não posso me ocupar disso, estando doente, e Angelica não tem tempo. Viola anda desanimada, deprimida, talvez com um ligeiro esgotamento nervoso. Estamos todas mal-arranjadas. Matilde perdeu completamente a cabeça com *Polenta e veneno*, e vai todos os dias até o editor Colarosa ler as provas, examinar a capa e encher-lhe a paciência. Na editora de Colarosa, agora trabalha a sua amiga Mara Martorelli, Matilde a viu por lá, diz que vestia um incrível quimono japonês com flores imensas.

Termino esta carta, porque Angelica está esperando para postá-la.

Mando-lhe um abraço e votos de felicidade, admitindo que a felicidade exista, coisa que não deve ser de todo excluída, ainda que raramente vejamos traços dela no mundo que nos foi oferecido.

Sua mãe

22

29 de fevereiro de 1971

Caro Michele,

Os doze macacõezinhos atoalhados chegaram. Você poderia ter-se poupado o trabalho de enviá-los, porque estão muito batidos, com todos os botões de pressão arrancados, e ásperos e duros como sardinhas. Diga à sua Eileen, ou que nome tenha, que eu não sou uma mendiga. E diga-lhe que o meu bebê tem maravilhosos macacõezinhos novos e macios, de um delicioso atoalhado com florzinhas cor-de-rosa e azul-claro. Mas agradeço assim mesmo.

Comunico-lhe que me mudei para a casa do pelicano. Cheguei aqui duas noites atrás de mala e cuia, porque aquela minha amiga disse que eu tinha que ir embora da Via Prefetti. Eu lhe contei que tinha o pelicano, e ela então disse que eu não precisava mais da Via Prefetti, e que fosse embora imediatamente. Tem intenção de fazer naquele apartamento uma espécie de clube, ou galeria de desenhos, ou qualquer coisa do gênero. Não mais uma butique. De qualquer modo disse que estava precisando de dinheiro, muito dinheiro, e eu devia me mandar sem criar casos. Com certeza, poderia ter insistido e permanecido mais, em vez disso fiquei com raiva. Em vinte minutos, juntei minhas coisas, peguei o menino, carreguei tudo no carrinho e vim para a casa do Fabio. Ele, o pelicano, tem uma cobertura na Piazza Campitelli. É uma cobertura maravilhosa e não tem nada a ver com o apartamento da Via Prefetti. Ele estava meio perdido quando me viu chegar, à noite, mas logo mandou a empregada comprar o leite da criança e um frango para mim, no Piccione, aquela rotisseria que fica no Largo Argentina. O bebê agora toma leite comum, não sei se já lhe contei. Não mais leite em pó.

Eu já tinha estado na casa do Fabio, e gostava muito dessa cobertura. A única coisa de que não gosto é da empregada, uma cinquentona grande e gorda, dura, nada gentil, que me olha com severidade e não responde quando lhe falo. Olha para o menino como se ele fosse um trapinho. Disse a Fabio que podia ser dispensada. Ele hesita e diz que é uma boa empregada.

Não vou mais ao escritório. Fico aqui, aproveitando essa cobertura, tomando sol no terraço. Ponho o bebê no terraço, à sombra de um guarda-sol, e ficamos ali belos e folgados que nem lhe conto. Não levo mais o bebê à casa daquela senhora, porque ela não tratava bem dele, não o trocava e tenho certeza de que o largava ali chorando. Fabio, quando volta do escritório, também fica no terraço, de mão dada comigo, e mandamos Belinda, a tal cinquentona de avental cor-de-rosa, servir suco de tomate. No começo, Fabio estava um pouco assustado, mas agora, quando lhe pergunto se está feliz, franze o seu grande nariz e diz que sim. Ada foi liquidada. Ele não a vê mais. Telefonei a Osvaldo para saber como Ada tinha reagido. Disse que reagiu mal, mas previu que essa nossa união terá vida curta. Eu, ao contrário, creio que me casarei com o pelicano. Terei ainda outros filhos, pois a coisa de que mais gosto no mundo é ter filhos. É claro que para ter filhos é preciso ter dinheiro, senão é terrível, mas ele, o pelicano, pelo que entendi, é bilionário. Não é que eu vá me casar com ele por dinheiro, caso porque o amo, mas estou contente que tenha todo esse dinheiro, tenho inveja dele por ser rico, por ser inteligente, e às vezes me acontece de ter inveja até mesmo daquele nariz enorme.

Faço votos de muita felicidade pelo seu casamento, e peço-lhe que os faça também pelo meu, porque verá que acabo me casando até mais depressa que você.

De presente de casamento, dou-lhe um quadro de Mafai. Não é coisa fácil expedir um quadro de Mafai, por isso não vou enviá-lo. Está pendurado aqui no nosso quarto, e eu pedi ao pelicano se podia dá-lo a você, e ele disse que sim.

Mara

23

Leeds, 18 de março de 1971

Cara Angelica,

Recebi os documentos, obrigado. Casei-me na quarta-feira. Soube que mamãe está doente, e eu sinto muito. Espero que não seja nada muito sério.

Eileen e eu achamos um pequeno sobrado na Nelson Road, que é uma rua interminável, de casinhas todas iguais. Temos dois metros de jardim, onde plantarei roseiras.

Agradeça à mamãe o dinheiro, as camisas e o terno escuro, que não vesti no dia do casamento e jamais vestirei. Pendurei-o no guarda-roupa, com naftalina.

Eileen vai à universidade de manhã cedo e leva as crianças à escola. Eu saio um pouco mais tarde. Arrumo a casa, lavo a louça do café da manhã, passo o aspirador no carpete. Tudo isso só há dois dias. Mesmo assim, vamos bem.

No dia do meu casamento, almoçamos num restaurante com os pais de Eileen. Os pais dela me adoram.

Soube que Viola e Elio queriam vir ao meu casamento, soube por aquele parente da senhora Peroni, que apareceu na pensão onde eu estava até anteontem. Por sorte não vieram, por sorte não veio nenhum de vocês. Não é que eu não tenha vontade de revê-los, eu o faria de muito bom grado, mas fizemos tudo tão às pressas para o casamento e sem dar muita importância, que Viola e Elio, e mesmo vocês, se tivessem vindo, talvez ficassem decepcionados.

Diga a Oreste que minha mulher é inscrita no Partido Comunista, está entre os poucos comunistas que há por aqui. Eu continuo não sendo comunista, continuo a não ser nada, e perdi o contato com aqueles amigos que tinha em Roma, não sei mais nada deles. Pensar que parti também por motivos políticos. Não só por isso, mas também por causa disso. No entanto, não me seria fácil dizer por que parti. De qualquer modo, agora não me dedico à política, dedico-me à minha mulher e isso me basta.

Precisava de um livro, *A crítica da razão pura*, de Kant. Veja se pode ir procurá-lo no meu porão, admitindo que o porão ainda exista, e que ainda se possa chamar de meu.

Um abraço,

Michele

24

23 de março de 1971

Caro Michele,

Saí da cama há dois dias e estou bem. Ainda me sinto um pouco fraca, mas há de passar.

Gostaria muito de uma carta sua, mas você não é pródigo em cartas para sua mãe. De qualquer modo, recebi notícias suas pela Angelica. Estou contente que você tenha uma casa encantadora, ou pelo menos eu a imagino assim, com o pequeno jardim, e com o carpete. Não o vejo passando aspirador no carpete. Não o vejo nem mesmo cultivando roseiras. Nesse momento, eu me sinto muito distante das rosas, tenho a sensação de que não saberia cultivá-las, no entanto vim morar no campo também com essa intenção. Pode ser que seja porque ainda estamos no inverno, ainda faz bastante frio, chove com frequência, mas acho que nem quando a primavera chegar eu me dedicarei a esse meu jardim, acho que chamarei um jardineiro e eu, de minha parte, não tocarei numa folha. Não tenho mão boa, como dizem que tem a Ada. Em particular, as rosas me lembram a casa da Via Villini, onde havia aquele belíssimo roseiral bem embaixo da minha janela, naquele jardim que não era nosso, e sim dos vizinhos. Em palavras pobres, as rosas me lembram Filippo. Não é que não queira lembrar, e de resto lembro-me dele em mil momentos, e os caminhos que me levam à sua pessoa na memória são inúmeros, mas devo ter olhado para as rosas no instante em que ele me dizia que tudo estava acabado, e assim, agora, quando vejo um roseiral sinto a repentina sensação de cair no escuro, portanto nesse meu jardim poderá haver flores, porém não haverá roseiras.

Como você e eu somos iguais em muitos aspectos, não o acho talhado para lidar com flores. Mas é possível que nesses meses você tenha se tornado uma pessoa diferente daquela que eu conhecia e diferente de mim. E é possível que Eileen faça de você uma pessoa ainda diferente. Confio em Eileen. Creio que simpatizarei com ela. Queria que você me mandasse uma fotografia dela. A que você mandou é muito pequena, não dá para ver nada, a não ser um longo impermeável. Você me diz que ela é muito inteligente. Eu também, como você, adoro a inteligência. Sempre procurei viver com pessoas inteligentes. O seu pai era estranho e genial. Não conseguimos viver juntos, talvez porque tivéssemos personalidades muito fortes, e cada uma exigia ao seu redor uma grande quantidade de espaço. Filippo é estranho e muito inteligente. Infelizmente, afastou-se de mim. Saiu completamente da minha vida. Não nos vemos mais. Podíamos continuar amigos, se eu quisesse, mas não quis. De qualquer modo, teríamos de nos encontrar na presença daquela mulherzinha de rosto ossudo, com quem ele se casou. Deve ser uma mulherzinha bem estúpida. Vai ver a relação dele comigo cansava-o. Não creio que eu seja muito inteligente, mas talvez fosse muito inteligente para ele. Nem todos adoram a inteligência. Tenho uma lembrança muito bonita dos meus anos com Filippo, mesmo que depois tudo tenha mergulhado nessa escuridão. As lembranças que tenho dele são lembranças maravilhosas. Jamais quis vir morar comigo, arranjando vários pretextos, os estudos, que seriam perturbados pelas gêmeas, ou a saúde, ou a saúde da mãe. Mas não passavam de pretextos. Na verdade, ele não tinha vontade de viver comigo. Talvez não me amasse o suficiente. Mesmo assim, tenho uma boa lembrança daquelas horas em que vinha à nossa casa, na Via Villini, jogava xadrez com Viola e Angelica, tomava as lições das gêmeas, fazia arroz com *curry*, datilografava no meu quarto aquele livro, que depois ele publicou, *Religião e dor*. Pensei muito em Filippo, enquanto estive doente, e até cheguei a lhe escrever uma carta, que depois rasguei. Dias atrás nasceu a filha dele. Mandaram-me um cartãozinho com uma cegonha cor-de-rosa voando. Bobos. A menina se chama Vanessa. Bobos. Diga você se isso é nome que se dê a uma criança.

Estou escrevendo aqui no meu quarto, com a lareira acesa. Vejo pelas janelas o nosso jardim nu e plano, sem flores, com dois lampiões de ferro batido, a falsa carroça, escolhidos por mim sem nenhuma convicção, e com os dois abetos anões escolhidos por Matilde e detestados por mim. Vejo também o povoado à distância e os montes com a lua. Estou com um vestido preto, que creio que me caia bem, e quando descer para o jantar, jogarei nos ombros o xale espanhol que me deu seu pai há vinte anos, e que eu tirei de uma arca onde estava com naftalina. Osvaldo e o editor Colarosa vêm jantar. O editor Colarosa foi convidado por Matilde. Merecia um convite para jantar, porque Matilde encheu-lhe a paciência de todas as maneiras possíveis. Deve saber que *Polenta e veneno* finalmente saiu. Temos exemplares de *Polenta e veneno* pela casa inteira. Matilde mandou-lhe um exemplar com dedicatória. Por isso você verá os torrões, o sol e a enxada. A capa foi desenhada pela Matilde. O editor Colarosa sugeria uma reprodução de um quadro de Van Gogh. Mas não houve jeito. Quando Matilde encasqueta uma coisa na cabeça, ninguém tira. Todos lhe disseram que a capa que tinha desenhado parecia um manifesto do PSI.[9] Não houve jeito de dissuadi-la.

Ontem Matilde foi a Roma comprar champanhe, que tomaremos hoje à noite. Ela decidiu o jantar e hoje passou o dia inteiro na cozinha, enervando Cloti, já mal-humorada e nervosíssima. Teremos: *sartù*[10] de arroz; *vol-au-vent* com bechamel e frango; *zuccotto*.[11] Alertei Matilde de que eram todas coisas redondas. Alem disso, alertei-a de que eram todos pratos pesados. Uma refeição dessas pode matar um touro.

9 Sigla do Partido Socialista Italiano. [N.T.]

10 Prato típico da culinária napolitana: espécie de arroz de forno com molho de tomates, cogumelos, mussarela e ovos. [N.T.]

11 Doce frio em forma de calota, recheado de creme de chantili, chocolate e frutas cristalizadas. [N.T.]

Depois Matilde quer que hoje à noite as gêmeas soltem os cabelos e ponham seus vestidos de veludo com gola de renda. Ela vestirá a saia preta de seu *tailleur* e uma blusa de cossaco. Ainda não conheço o editor Colarosa. Matilde me disse que é baixo, com a cabeça enterrada nos ombros e um nariz jamais visto. Queria que Ada também viesse, mas Osvaldo me explicou que Ada e o editor Colarosa eram amantes e agora romperam. Ele agora está com aquela sua amiga, Mara Castorelli, que apareceu na casa dele tarde da noite, com o filho. E pensar que foi Ada quem lhe recomendou Mara, e Mara não demorou a roubá-lo dela. Não sei se Mara virá esta noite, eu disse para vir, mas parece que não sabe onde deixar a criança. De qualquer modo, convidarei Ada outro dia. Ainda não a conheço, e foi comigo de uma gentileza indescritível. É mérito dela se me instalarem o telefone. Não me parece verdade que terei telefone e logo telefonarei para você. Mas a ideia de lhe telefonar me deixa agitada. Creio não ter mais os nervos e o coração muito fortes. E pensar que eu era um touro. Mas passei por muitas. Por isso tornei-me frágil.

Bem, agora eu ouvi o carro. Eles chegaram. Devo deixá-lo.

Sua mãe

Vi descer do carro também uma pessoa pequena com uma peliça de *vison*. Deve ser Mara.

25

26 de março de 1971

Caro Michele,

Algumas noites atrás jantei na casa da sua mãe. Não foi divertido. Estavam Osvaldo, Angelica, o pelicano, sua tia, sua mãe, suas irmãs caçulas. Não sei por que antes queria tanto ver sua mãe e ser simpática com ela. Talvez porque esperava que me ajudasse a casar com você. Jamais desejei casar com você, que fique claro. Ao menos nunca percebi que o desejava. Mas talvez por desespero eu desejasse sem saber.

Estava usando naquela noite, na casa da sua mãe, uma saia longa, preta e prateada, comprada especialmente de tarde com o pelicano, e a minha peliça de *vison*, comprada igualmente com o pelicano há cinco dias. Permaneci o tempo todo com a peliça nos ombros pois na casa da sua mãe faz um frio mortal. Os termossifões estão com defeito. Com aquela saia, com aquela peliça, a princípio, não sei explicar por que, eu me sentia bem doce e delicada. Queria que todos me olhassem e me achassem doce e delicada. Esse meu desejo era tanto, que da garganta me saía uma voz doce e fina. Depois, a certa altura, pensei: "Talvez esses aí estejam pensando que sou uma puta de alto bordo". Tinha lido as palavras "puta de alto bordo" num romance policial, naquela manhã. Mal pensei nelas, desabaram em cima de mim como uma pedra. Depois achei que todos eram frios comigo. Até o Osvaldo. Até a Angelica. Até o pelicano. O pelicano estava jogado no fundo de uma poltrona, com um copo. Acariciava os cabelos. Acariciava o nariz. Não o franzia, acariciava-o bem devagar. Acho sua mãe bonita, mas não sei se me é simpática. Estava com um vestido preto e um xale com franjas. Brincava com as franjas do xale e com os cabelos, que são crespos e ruivos, iguais aos seus. Achei que se você estivesse naquela sala, tudo teria sido fácil para mim, porque você sabe muito bem que eu não sou uma puta, nem de alto bordo nem de baixo bordo, você sabe que sou uma garota e basta. A lareira estava acesa, mas eu sentia frio do mesmo jeito.

Sua mãe perguntou de onde eu era, e eu lhe disse que era de Novi Ligure. Comecei a contar um pouco de mentiras sobre Novi Ligure. Disse que lá eu tenho uma casa muito bonita e muito grande, com muitos primos que me esperam com carinho, que tenho uma querida e velha babá, e um irmãozinho que adoro. A babá na verdade é uma velhota que vem cozinhar na casa dos meus primos. Gosto do meu irmãozinho, embora nunca lhe escreva. A casa dos meus primos não é nada especial como casa. Fica em cima da loja. A loja é uma loja de pratos. Os meus primos vendem pratos. Isso eu não disse. Disse que todos eram advogados.

Sua mãe e Angelica empenhavam-se na cozinha, porque a empregada da sua mãe tinha se sentido mal de repente e se enfiara na cama. Na verdade, tinha se ofendido com sua tia, por causa de uma observação sobre o *vol-au-vent*. Isso quem me disse foi a Angelica. As suas irmãs caçulas se recusavam a ajudar dizendo que estavam muito cansadas. Tinham ido jogar voleibol. Estavam com os uniformes de ginástica e não quiseram se trocar, e a sua tia estava zangada também por isso. E também porque o *vol-au-vent* estava todo mole e líquido por dentro.

A certa altura, me deu uma grande tristeza. Pensei: "O que é que eu estou fazendo aqui? Onde estou? Que raio de peliça estou vestindo? Que espécie de pessoas são essas, que não me perguntam quase nada e quando falo parece que não ouvem?". Disse à sua mãe que queria trazer o meu filho para ela conhecer. Disse para trazê-lo, mas sem nenhum entusiasmo. Morria de vontade de começar a gritar que o filho é seu. Se estivesse cem por cento certa disso, teria gritado. Lá havia fotografias suas de quando você era pequeno, eu as peguei na mão e achei que o menino se parece com você, no queixo, na boca. Mas é difícil ter certeza. As semelhanças são uma coisa sempre tão incerta.

Eles falavam pouco, e eu não entendia uma palavra do pouco que diziam. São intelectuais. Eu morria de vontade de gritar que considerava todos eles uns tremendos cagões. Não gostava mais nem da Angelica. Não entendia ninguém. O pelicano estava lá todo sério. Não me olhava. De vez em quando, eu acariciava sua mão. Ele logo retirava a mão. Tinha a impressão de que quando eu falava, ele pisava em ovos. Nunca tinha me visto entre as pessoas e devia se envergonhar de mim. No fim do jantar, estouraram o champanhe. Eu disse: "Desejo muito sucesso para *Polenta e castanhas*". Tinha errado o título. O pelicano me corrigiu. Eu expliquei que tinha me confundido por causa daquela canção que diz "Não ande nas montanhas / comerás polenta e castanhas / e ficarás com azia".[12] Comecei a cantar toda a canção. É uma canção tão bonita, e eu tenho uma voz afinada. A sua mãe sorria um pouco. Osvaldo sorria um pouco. O pelicano não sorria nem um pouco. As gêmeas não sorriam nem um pouco. Percebi que estava cantando em meio a um grande gelo. A sua tia continuava a bater no quarto da empregada para lhe oferecer *vol-au-vent* e outras iguarias, mas voltava sentida pois ela recusava tudo.

Voltamos no *cinquecento* do Osvaldo, eu, a Angelica e o pelicano. Eu estava sentada atrás com o pelicano. Disse-lhe: "Não sei o que você tem comigo. Não sei o que lhe fiz. Você não me disse uma palavra durante a noite inteira. Nunca olhava para mim". Ele disse: "Estou com muita dor de cabeça". "Mas, Cristo, você está sempre com dor de cabeça", disse eu. Porque de fato está sempre com dor de cabeça. Permanecia encolhido lá no fundo do carro. Parecia que o incomodava tocar em mim. Então, comecei a chorar, não alto, em silêncio, com lágrimas que molhavam minha peliça. Angelica me acariciou um joelho. Osvaldo estava guiando e não se virou. O pelicano, sempre escondido no seu canto, espremido no casaco, com o nariz imóvel. Era terrível chorar naquele gelo. Era pior do que cantar no gelo. Muito pior.

12 Trecho da canção antifascista "Se non ci amazza i crucchi" ("Senão os alemães nos matam"), cantada pelos *partigiani* na Segunda Guerra Mundial. [N.T.]

Tinha deixado a criança em casa, com Belinda, a empregada. Era melhor se a tivesse levado comigo. Essa Belinda não tem nenhuma paciência com crianças. Encontrei o bebê berrando. Belinda estava em pé e disse que tem direito às suas horas de sono. Disse que eu também tenho direito às minhas horas de diversão e de sono. Respondeu que eu não tenho direito a nada. Não respondi na hora. Bati a porta na cara dela. Depois, gritei que estava despedida. Mas eu já a despedi uma porção de vezes. Diz que não vai embora. Diz que o doutor é quem deve mandá-la embora. O doutor é o pelicano.

O bebê chorou a noite inteira. É terrível. Os dentes estão nascendo, coitado. Fiquei passeando com ele pela sala, de um lado para outro, com as lágrimas correndo. Quase de manhã, adormeceu. Coloquei-o no carrinho. Me dava pena, estava cansado de chorar, suado, abatido, com os cabelos suados e grudados, adormecido como um trapo. Tinha pena de mim também, morta de cansaço, ainda com a minha saia preta e prateada, não tinha tido tempo de me trocar. Entrei no quarto. O pelicano estava lá, deitado, acordado, com as mãos cruzadas embaixo da cabeça. Me deu uma pena imensa. Tinha pena do seu pijama, da cabeça sobre o travesseiro, do nariz. Eu lhe disse: "Não pense que eu posso continuar a levar essa vida. É preciso arranjar uma babá". Ele disse: "Uma babá?", como se caísse das nuvens. "Quando eu morava sozinha", eu disse, "na Via Prefetti, às vezes até deixava a criança chorar um pouco, mas aqui não posso porque você tem dor de cabeça." "Acho que não tenho vontade de ter nenhuma babá por aqui", disse ele. "Acho que não tenho a mínima vontade." "Então voltarei a morar sozinha", eu disse. Não respondeu. Ficamos ali, parados, deitados, gelados como dois mortos.

Tinha dito a você em outra carta que eu e o pelicano nos casaríamos. Era uma bobagem. Finja que eu nunca disse. Rasgue a carta, pois me envergonho de ter dito aquilo. Nunca pensou em se casar comigo, e talvez nem eu mesma queira casar com ele.

Agora foi embora. Antes que saísse, gritei: "Não me trate como uma puta de alto bordo". Não tinha mais a voz fina de quando me sinto delicada e boa. Tinha me saído um vozeirão rouco, de porteira. Não me respondeu nada.

Foi embora.

Em certos momentos, sinto-me furiosa. Digo: "Eu sou tão simpática, tão bonita, tão jovem, tão boa, e tenho um filho tão lindo. Estou dando a esse aí a grande honra de ficar na casa dele, e gastar o dinheiro que não lhe serve para nada. Mas enfim o que quer esse arrombado?". Eu, em certos momentos, fico furiosa e penso assim.

Mara

26

Novi, 29 de março de 1971

Cara Angelica,

Não vá se surpreender se lhe escrevo de Novi Ligure. Cheguei ontem. Estamos aqui, eu e o bebê, na casa de uma empregada dos meus primos. Ela colocou um colchão na cozinha para mim. É velha. Chama-se Amelia. Disse que posso ficar por alguns dias, não mais que isso, porque não tem lugar. Não sei para onde ir, mas não tem muita importância, pois sempre acabo achando um lugar onde me enfiar.

Vim embora de repente. Deixei um bilhete ao Fabio. Ele não estava em casa. Escrevi: "Vou-me embora. Obrigada. Tchau". A peliça eu levei porque ele me deu e também porque estava com frio. A saia preta e prateada, a que estava usando na casa da sua mãe, também peguei. Mesmo porque ele não ia fazer nada com ela. E, depois, eram presentes.

Queria lhe pedir uma gentileza, na afobação de partir esqueci o meu quimono, aquele preto com girassóis. Vá pegá-lo e mande-o para mim, aqui em Novi Ligure, Via Genovina, 6. Deve estar no nosso quarto, na última gaveta da cômoda. Percebo que escrevi "nosso quarto", porque naquele quarto, por algum tempo, ele e eu fomos muito felizes. Se a felicidade existe, era aquilo. Só que durou pouco. Vê-se que a felicidade dura pouco. É o que todos sempre disseram.

Você diria que é esquisito apaixonar-se por um homem assim, nada bonito, com aquele nariz enorme. Um pelicano. Quando criança, tinha um livro com todas as figuras de animais, e havia um pelicano, com as patas curtas, plantadas no chão, e com um enorme bico cor-de-rosa. É ele. Mas eu compreendi que é possível se apaixonar por qualquer pessoa, mesmo ridícula, esquisita, triste. Gostava que tivesse tanto dinheiro, pois todo aquele dinheiro que ele tinha parecia diferente do dinheiro dos outros, parecia que estava atrás dele como a cauda de um cometa. Gostava que fosse tão inteligente, que soubesse uma porção de coisas que eu não sei, e também achava sua inteligência longa como uma cauda. Eu não tenho nenhuma cauda. Sou burra e pobre.

No começo, quando conheci o pelicano, pensei coisas nada bonitas e nada sentimentais. Eu pensei: "Agora eu chupo esse aí como se chupa um ovo. Gasto o dinheiro dele. Eu o roubo daquela idiota da Ada. Eu me instalo na casa dele com o meu filho e ninguém me tira mais de lá". Era fria, tranquila, alegre. Depois, pouco a pouco, foi me invadindo uma grande tristeza. Ele tinha me passado toda essa tristeza, como se passam as doenças. Eu a sentia nos meus ossos mesmo quando estava dormindo. Não conseguia livrar-me dela. Mas ele, com a sua tristeza, tornou-se muito mais inteligente, enquanto eu, com a tristeza, tornei-me muito mais burra. Porque a tristeza nunca é a mesma coisa para todos.

Assim percebi que tinha caído numa armadilha. Estava loucamente apaixonada por ele e ele pouco ligava para mim. Estava cansadíssimo de me ver pela frente. Porém, faltava-lhe coragem para me mandar embora, tinha pena de mim. Eu também tinha muita pena dele. Era muito cansativo viver no meio de toda essa pena, cansativo para ele e para mim.

Eu diria que ele também nunca deve ter ligado para Ada. Só que ela era forte, firme, otimista, com mil coisas para fazer, nem um pouco pegajosa. Eu, ao contrário, era para ele pesadíssima e pegajosa. Ele ficava ali perdido em suas tristezas, e eu compreendi que nelas eu não penetraria jamais, porque não havia lugar para mim. Esse "jamais" me parecia assustador. Então fui embora.

Quando cheguei à casa de Amelia, ontem à noite, Amelia estava aterrorizada. Não sabia nada de mim, fazia três anos que não me via. Nunca lhe escrevi nem mesmo a sombra de um cartão-postal. Não sabia que eu tinha um filho. Olhava a criança, a peliça, não entendia nada. Disse-lhe que tinha tido um filho com um homem que depois me largara no meio da rua. Pedi-lhe pousada. Tirou um colchão de um armário. Disse-lhe que estava com fome e me deu a janta, um ovo frito e um pratinho de feijões. Entendi que me deixava ficar ali por pena. Aqui se passa a vida tendo pena uns dos outros.

A Amelia, de dia, vai cozinhar na casa dos meus primos. São muitos, e há muita comida a ser feita. Pedi que não dissesse nada de mim aos meus primos, mas ela, ao contrário, foi logo dizendo que eu tinha chegado e estava na casa dela. Assim, vi duas primas chegarem com o meu irmão, aquele meu irmão de doze anos que mora com eles e ajuda um pouco na loja. Gosto tanto desse meu irmão. Mas ele não foi afetuoso. Estava frio. Não se admirou nem um pouco com o bebê. Não lhe fez nenhuma festa. Nem as minhas primas fizeram. Se eu tivesse um gato no colo, teriam feito mais festa. Minhas primas, no entanto, ficaram interessadas pela peliça, que viram estendida numa cadeira. Disseram que, vendendo aquela peliça, eu podia me sustentar durante anos. Entendi que elas pretendiam comprá-la. Mas eu disse que por enquanto não tinha nenhuma intenção de vendê-la. Sou apegada à minha peliça. Lembro o dia em que saímos para comprá-la, eu e o pelicano de mãos dadas, e ele ainda parecia contente de andar nas ruas comigo. Talvez já começasse a pensar que eu era um tanto pegajosa e pesada, mas eu ainda não tinha percebido que era isso que ele estava pensando.

Se o pelicano pedir o meu endereço, você pode dar.

Um abraço,

Mara

27

2 de abril de 1971

Cara Mara,

Angelica veio buscar o seu quimono. Nós o procuramos demoradamente porque não estava na gaveta do quarto, tinha ido parar no meu escritório, sob uma pilha de jornais. Estava empoeirado, e não sabia se devia pedir para Belinda lavá-lo, mas não queria fazer com que Belinda se lembrasse da sua pessoa. Ela destruiu bem rápido todos os traços da sua passagem, na manhã seguinte à sua partida. Jogou fora os seus cremes que ficaram no banheiro e todos os potinhos de papinha que o menino costumava comer. Disse-lhe que gostava das papinhas, mas ela disse que aquelas eram de má qualidade. Angelica limpou um pouco o seu quimono com a mão e o sacudiu, dizendo que vai mandá-lo assim mesmo.

Mando-lhe dinheiro, pois acho que você está precisando. Angelica agora foi a San Silvestro, para expedir o quimono e fazer um vale postal.

Sou-lhe profundamente grato por ter ido embora. Era esse, com efeito, o meu ardente desejo e você o entendeu, mesmo porque talvez eu tenha agido de maneira que você pudesse entender. Estas palavras talvez lhe pareçam de uma crueldade inútil. De fato, são cruéis, mas não são inúteis. Se você ainda conserva no íntimo alguma obscura e confusa intenção de voltar, saiba que é conveniente deixá-la de lado para sempre. Eu não posso viver com você. Talvez eu não possa viver com ninguém. Meu erro foi criar para mim e para você a ilusão de uma possível relação duradoura entre nós. Porém, eu não a chamei aqui, você veio sozinha. Durante a convivência, a nossa relação, já frágil, logo se despedaçou. De qualquer modo, as minhas culpas em relação a você existem e não quero minimizá-las de modo algum. Elas vieram aumentar o fardo das minhas culpas em relação à vida, um fardo já bastante pesado. Tenho muita pena de você e não tinha coragem de dizer-lhe que fosse embora. Você dirá que sou um covarde. De fato, essa é uma palavra que me define com precisão. Tenho muita pena de você e também de mim, a lúgubre piedade dos covardes, e quando voltei para casa na outra noite e não a encontrei e li o seu bilhete, você me fazia falta e sentei-me na minha poltrona com uma sensação de vazio. Porém, em meio a essa sensação havia um alívio hílare e profundo, e uma alegria ardente que não devo lhe esconder, porque é justo que você saiba que eu a senti. Em palavras pobres, eu não a suportava mais.

Desejo-lhe todo o bem possível e espero que você seja feliz, admitindo que a felicidade exista. Eu não acredito que exista, mas os outros acreditam, e ninguém disse que os outros não têm razão.

O pelicano

28

Leeds, 27 de março de 1971

Cara Angelica,

Mara me escreveu. Vá procurá-la e consolá-la. Está cheia de problemas. Aquele editor com o qual convive, além de ser o grande culpado pela publicação do romance *Polenta e veneno*, contagiou-a com complicações e tristezas.

Talvez eu vá nos feriados da Páscoa, mas não tenho certeza. De vez em quando tenho saudade de vocês, ou seja, daqueles que costumo chamar "os meus", ainda que vocês não sejam absolutamente meus, como eu não sou absolutamente de vocês. Mas, se eu fosse, vocês me observariam, e eu teria os seus olhares fixos em mim. Ora, nesse momento eu não tenho vontade de ter os seus olhares fixos na minha pessoa. É inútil acrescentar que, como minha mulher estaria comigo, observariam com atenção também a minha mulher e se esforçariam para entender de que natureza e de que tipo são as relações entre minha mulher e eu. E isso também eu não poderia suportar.

Tenho muita saudade também dos meus amigos, do Gianni, do Anselmo, do Oliviero e de todos os outros. Aqui, não tenho amigos. E tenho saudade também de alguns bairros de Roma. Em relação a outros bairros e a outros amigos, sinto saudade e ao mesmo tempo repulsa. Quando à saudade vem misturar-se a repulsa, o que então acontece é que vemos situados a uma grande distância os lugares e as pessoas que amamos, e os caminhos para chegar até eles parecem-nos interrompidos e impraticáveis.

Às vezes, dentro de mim, a saudade e a repulsa estão tão intrincadas e são tão fortes que eu as sinto enquanto durmo e então acordo e tenho de afastar as cobertas e sentar para fumar. Eileen pega o travesseiro e vai dormir no quarto das crianças. Diz que tem direito às suas horas de sono. Diz que cada um deve se arranjar sozinho com seus pesadelos. Tem razão, não está errada de jeito nenhum.

Não sei por que estou lhe escrevendo essas coisas. Mas é um momento em que me poria a falar até com uma cadeira. Com Eileen não posso falar, primeiro porque é sábado e neste momento está preparando os pratos para a semana inteira, segundo porque não lhe agrada ouvir as pessoas falando. Eileen é muito inteligente, mas descobri que toda a sua inteligência não me serve para nada, pois é dirigida para coisas que não me dizem respeito algum, como física nuclear. No fundo, eu preferia ter uma mulher estúpida, que me escutasse com paciência e estupidez. Nesse momento, não me desagradaria ter Mara aqui. Eu não a suportaria por muito tempo, uma vez que depois de ter me escutado despejaria seus problemas em cima de mim, grudaria como um caramelo, e eu não teria mais sossego. Não gostaria de tê-la como mulher. Mas, nesse momento, não me desagradaria tê-la aqui.

Um abraço,

Michele

29

2 de abril de 1971

Caro Michele,

Acabei de receber a sua carta. Deixou-me uma sensação de angústia. Evidentemente você está muito infeliz.

Talvez eu devesse atenuar o tom dramático da sua carta. Talvez devesse dizer a mim mesma que você teve apenas uma briguinha com sua mulher e está se sentindo sozinho. Mas não consigo atenuá-la. Estou assustada.

Eu poderia ir ao seu encontro, se você não vem. Não é fácil para mim, porque não sei como deixar a menina e Oreste, e depois não tenho dinheiro, mas isso é o de menos, porque pediria à mamãe. Mamãe não está muito bem, continua a ter um pouco de febre de vez em quando, e naturalmente não lhe direi que recebi de você uma carta que me deixou assustada. Se decido partir e lhe peço o dinheiro, direi que agora você não vem por razões de trabalho e assim pensei em fazer-lhe eu uma visita.

Você diz que, neste momento, não quer na sua pessoa os olhos das pessoas que o amam. De fato é difícil suportar os olhos das pessoas que nos amam, quando estamos num momento difícil, mas é uma dificuldade que se supera bem rápido. Os olhos das pessoas que nos amam podem ser, quando nos julgam, extremamente límpidos, misericordiosos e severos, e pode ser duro, mas sem dúvida salutar e benéfico para nós, enfrentarmos a clareza, a severidade e a misericórdia.

A sua amiga Mara deixou Colarosa e foi embora. Escreveu-me. Está em Novi Ligure, na casa da empregada dos primos. Acha-se numa situação desesperadora, sem ter lugar onde morar e sem possuir nada no mundo, a não ser um quimono preto com girassóis, uma peliça de *vison* e um filho. Tenho a impressão de que todos nós temos a sutil capacidade de nos metermos em situações de desespero, que ninguém pode resolver, e que não nos permitem nem avançar nem retroceder.

Escreva-me apenas uma linha para dizer se posso ir. Não quero ir se a ideia de me rever for intolerável para você.

Angelica

30

Leeds, 5 de abril de 1971

Cara Angelica,

Não venha. Alguns parentes de Eileen devem chegar de Boston. Só temos um quarto para os hóspedes. Depois, talvez iremos todos a Bruges. Eu não conheço Bruges.

Também nunca vi esses parentes de Eileen. Há ocasiões em que se está bem com os desconhecidos.

Não faça nenhuma hipótese sobre mim. De qualquer modo, cada hipótese sua seria errada, porque lhe faltam alguns elementos essenciais.

Gostaria de revê-la, mas fica para uma próxima vez.

Michele

31

8 de abril de 1971

Caro Michele,

Acabo de receber agora mesmo a sua carta. Confesso que já tinha preparado a mala para viajar. Não pedi o dinheiro à mamãe, pedi ao Osvaldo. Ao contrário do habitual, ele o tinha, sem precisar recorrer a Ada.

Em sua carta, a frase "não conheço Bruges" me fez rir, como se Bruges fosse a única coisa no mundo que você não conhece.

Queria vê-lo, não só para falar de você, mas também para falar de mim. Eu também atravesso um momento difícil.

Como diz você, fica para uma próxima vez.

Angelica

32

9 de abril de 1971

Caro Michele,

Angelica me disse que você não virá para os feriados da Páscoa. Paciência. A essa altura, as vezes em que eu disse "paciência", pensando em você, são infinitas. É verdade que, quanto mais os anos passam, mais aumentam as nossas reservas de paciência. Todas as demais tendem a diminuir.

Tinha arrumado os dois quartos no último andar. Tinha feito as camas e pendurado as toalhas de rosto no banheiro.

O banheiro do último andar é o mais bonito da casa, com as maiólicas de arabescos verdes, e, ao contemplá-lo, estava contente que sua mulher fosse vê-lo. Os quartos ainda estão em perfeita ordem, com as camas feitas. Eu não entrei mais lá. Direi a Cloti para tornar a desfazer as camas.

Enquanto preparava os dois quartos, pensava que sua mulher se sentiria à vontade e pensava também que acharia que eu cuido bem da casa. Porém, eram dois pensamentos bobos, porque eu não conheço a sua mulher, não sei quando e onde se sente à vontade e não sei se é daquelas que gostam de casas bem-arrumadas e das pessoas que mantêm as casas bem-arrumadas.

Angelica me disse que você vai a Bruges. Eu não me pergunto o que você vai fazer em Bruges, pois já parei de me perguntar o que vai fazer nesse ou naquele lugar. Tento imaginar a sua vida nesse ou naquele lugar, mas ao mesmo tempo sinto que a sua vida é diferente de como imagino, e assim minha fantasia é cada vez mais desanimada e fraca ao entrelaçar os arabescos a seu respeito.

Quando estiver melhor de saúde, gostaria de ir visitá-lo com Angelica, se for do seu agrado. Não ficaremos na casa de vocês, não quero dar trabalho à sua mulher, que penso ter sempre muito o que fazer. Iremos para um hotel. Eu não gosto de viajar e também não gosto de hotéis. No entanto, ainda prefiro os hotéis à sensação de dar trabalho a alguém, ocupando espaço numa casa pequena, porque uma das pouquíssimas coisas que sei de vocês é que têm uma casa pequena. Não posso partir agora, porque ainda não sarei bem daquela pleurite, quer dizer, pleurite eu não tenho mais, mas o médico diz que ainda devo tomar cuidado. Também achou que meu coração não está funcionando bem. Explique à sua mulher que sou uma pessoa que tem a casa funcionando bem e o coração funcionando mal. Explique como eu sou, pois assim, quando me vir, poderá comparar a minha imagem verdadeira com as suas descrições. É um dos raros prazeres que a vida nos oferece, comparar as descrições alheias com as nossas fantasias e depois com a realidade.

Penso com frequência na sua mulher e tento imaginá-la, mesmo que você não tenha se dado o trabalho de descrevê-la, e a fotografia dela que me mandou quando escreveu que ia se casar é pequena e borrada. Olho-a com frequência, apesar de não conseguir ver nada a não ser um longo impermeável preto e uma cabeça envolta num *foulard*.

A mim você nunca me escreve, mas fico feliz que escreva a Angelica. Penso que para você seja mais natural escrever a Angelica, uma vez que com ela tem mais intimidade do que comigo. Talvez seja otimista, mas penso que, ao se dirigir a ela, você se dirige secretamente também a mim. Angelica é muito inteligente, e acho que é a mais inteligente de todos vocês, embora julgar a inteligência dos próprios filhos seja uma coisa difícil.

Em alguns momentos, tenho a sensação de que não é feliz. Mas Angelica é muito fechada comigo. Creio que seja fechada comigo não por falta de afeto, e sim por desejo de me evitar preocupações. É estranho dizer, mas Angelica tem um sentimento maternal em relação a mim. Quando a interrogo sobre ela mesma, suas respostas são sempre caracterizadas por uma fria serenidade. Concluindo, eu de Angelica sei muito pouco. Quando estamos juntas, não falamos dela, falamos de mim. Eu sempre falo de mim de bom grado, sou muito sozinha, e por ser sozinha não tenho muitas coisas para contar a meu respeito. Estou querendo dizer que não tenho muito a contar sobre os meus dias atuais. Mais do que nunca, desde que não estou bem, os meus dias se desdobram numa grande monotonia. Saio pouco, pego o carro poucas vezes, passo longas horas numa poltrona, olhando Matilde fazer ioga, Matilde jogar paciência, Matilde bater à maquina seu novo livro, Matilde fazer uma boina com sobras de lã.

Viola me disse que está brava com você, porque você nunca lhe escreveu nem mesmo um cartão-postal. Ela comprou de presente de casamento uma bela bandeja de prata e pensava em dá-la para vocês, quando viessem. Peço-lhe que escreva a Viola, agradecendo, porque a bandeja é muito bonita. Escreva também às gêmeas, que estavam à sua espera e tinham preparado presentes para as crianças de Eileen, a saber, um canivete de mola e uma tenda para brincar de índio. E, é claro, peço-lhe que escreva também para mim.

Ontem Osvaldo viajou para Umbria com Elisabetta e Ada. Assim, por uma semana não teremos suas visitas à noite. Eu me habituei a vê-lo aparecer aqui à noite. Habituei-me a ter diante de mim, por algumas horas, o seu rosto corado e a sua cabeça grande e quadrada de cabelos ralos e bem penteados. Ele também deve ter se habituado a passar suas noitadas nesta casa, jogando pingue-pongue com as gêmeas e lendo Proust em voz alta para Matilde e para mim. Quando não vem aqui, vai à casa da Angelica e do Oreste, onde faz as mesmas coisas, mas com ligeiras diferenças, por exemplo, lê o *Pato Donald* para a menina e joga tômbola com Oreste e os Bettoia. Oreste acha-o agradável, mas fútil. Os Bettoia acham-no fútil, mas simpático. De fato, não se pode dizer que seja antipático. Não me parece exato defini-lo como fútil, porque da futilidade nada se espera e dele, ao contrário, espera-se que de repente descubra e revele aos outros a sua razão de existir sobre a face da terra. Eu o acho muito inteligente, embora ele pareça manter a sua inteligência guardada no tórax, no pulôver e no sorriso, furtando-se a usá-la por motivos que permanecem ocultos. Apesar do seu sorriso, considero-o um homem muito triste. Talvez seja por isso que me habituei à sua companhia. Porque adoro a tristeza. Adoro a tristeza ainda mais do que a inteligência.

Você e Osvaldo eram amigos, e muito raramente tive a felicidade de conhecer um amigo seu. Por isso, às vezes eu o interrogo sobre você. Mas as suas respostas às minhas perguntas sobre você são repletas de uma fria serenidade, que se assemelha àquela de Angelica, quando lhe pergunto se as coisas estão indo bem e se ela é feliz. Tenho a impressão de que Osvaldo também quer me poupar das preocupações. Quando está ausente, percebo que o detesto, lembrando a sua voz calma e as suas respostas tão serenas e fugidias. Quando está aqui, sinto-me calma e aceito os seus silêncios e as suas respostas fugidias. Com os anos, adquiri uma espécie de brandura e resignação.

Outro dia, lembrei-me de uma vez em que você veio aqui e, logo que chegou, pôs-se a vasculhar todos os armários à procura de um tapete sardo que queria pendurar na parede do seu porão. Deve ter sido a última vez que o vi. Eu estava nesta casa havia poucos dias. Era novembro. Você zanzava pelos aposentos e vasculhava todos os armários, que tinham acabado de montar, e eu andava atrás de você, me queixando de que você sempre levava embora os meus objetos. Você deve ter encontrado o tal tapete sardo, porque aqui ele não está. Também não estava no porão. De qualquer modo, pouco me importa aquele tapete, como pouco me importava naquela época. Lembro-me dele talvez por estar ligado à última vez em que o vi. Lembro que, ao ficar brava e ao protestar com você, senti uma grande alegria. Sabia que meus protestos suscitariam em você um misto de alegria e aborrecimento. Penso agora que esse era um dia feliz. Mas, infelizmente, é raro reconhecer os momentos felizes enquanto estamos passando por eles. Nós os reconhecemos, em geral, só à distância do momento. Para mim a felicidade estava em protestar e para você em vasculhar os meus armários. Também devo dizer que perdemos naquele dia um tempo precioso. Poderíamos nos ter sentado e interrogado reciprocamente sobre coisas essenciais. É provável que seríamos menos felizes, ou melhor, seríamos talvez muito infelizes. Porém, eu agora lembrarei esse dia não como um vago dia feliz, e sim como um dia verdadeiro e essencial para mim e para você, destinado a iluminar a sua e a minha pessoa, que sempre trocaram palavras de natureza inferior, jamais palavras claras e necessárias, ao contrário, palavras cinzentas, gentis, flutuantes e inúteis.

Um abraço,

Sua mãe

33

Leeds, 30 de abril de 1971

Cara Angelica,

Sou um amigo de Eileen e Michele. Conheci Michele num cineclube. Levou-me algumas vezes para jantar em sua casa. Assim conheci também Eileen.

Sou italiano e encontro-me em Leeds com uma bolsa de estudos.

Obtive seu endereço por Michele. Tinha me dito que fosse procurá-la, se voltasse à Itália no verão.

Escrevo-lhe para comunicar que o seu irmão deixou a mulher e partiu para destino ignorado. A mulher não lhe escreve, primeiro porque não sabe quase nada de italiano, depois porque está muito deprimida. Tenho muita pena, ainda que não me sinta capaz de julgar Michele, e tinha pena dele também, quando ia visitá-lo na pensão imunda em que tinha se enfiado.

Eileen quer que eu avise vocês que Michele foi embora, primeiro por não saber se ele mesmo irá informá-los do fato de o casamento deles ter ido pelos ares, segundo porque Michele partiu sem deixar endereço, terceiro porque, ao partir, deixou aqui diversas dívidas. Ela não pretende pagar essas dívidas e pede que vocês paguem. Michele deixou trezentas libras de dívida. Eileen pede que vocês lhe enviem essas trezentas libras, se possível imediatamente.

Ermanno Giustiniani

4 Lincoln Road, Leeds

34

3 de maio de 1971

Caro Ermanno Giustiniani,

Diga a Eileen que lhe enviaremos o dinheiro por meio de um parente nosso, Lillino Borghi, que deve ir à Inglaterra por esses dias.

No entanto, se souber do atual paradeiro de Michele, agradeceria se me comunicasse imediatamente. Nós não tivemos mais notícias dele. Tinha escrito que pretendia ir a Bruges, mas não sei se foi mesmo para lá ou para outro lugar.

Tinha escrito que não tinha nenhum amigo em Leeds, mas talvez tenha sido antes de se encontrarem no tal cineclube. Ou tinha mentido, como talvez tenha mentido a respeito de várias outras coisas, e entre suas reticências e eventuais mentiras eu tenho dificuldade de me posicionar sobre a sua vida. Com certeza, também não o julgo, e além disso não tenho em mãos os elementos necessários para julgá-lo. Posso ficar magoada com suas mentiras e reticências, mas existem circunstâncias infelizes que nos obrigam à mentira ou à reticência mesmo contra a nossa vontade.

Não escrevo diretamente a Eileen porque eu também não sei bem inglês, e depois porque não sei o que poderia lhe dizer, a não ser que estou angustiada com o que lhe aconteceu, mas isso talvez você possa lhe dizer.

Angelica Vivanti De Righi

35

Trapani, 15 de maio de 1971

Caro Michele,

Não se admire se lhe escrevo de Trapani. Vim parar em Trapani. Não sei se tinha lhe contado que numa pensão chamada Pensão Piave, na Piazza Annibaliano, tinha feito amizade com uma senhora muito gentil comigo. Uma vez, me disse que eu poderia me hospedar em Trapani com a criança. Depois eu a perdi completamente de vista e não me lembrava de seu sobrenome. Lembrava apenas o nome. O nome dela é Lillia. É uma gorda com o cabelo todo cacheado. Escrevi de Novi Liguri a uma camareira da Pensão Piave, da qual sabia somente o nome, Vincenza. Descrevi-lhe a outra, gorda, cacheada, com uma criança pequena. A camareira me deu o endereço da cacheada em Trapani, onde seu marido montou uma lanchonete. Eu escrevi à cacheada, mas não esperei a resposta para partir. De modo que estou aqui. O marido não ficou nem um pouco entusiasmado em me ver, mas a cacheada disse que eu a ajudaria na casa. De manhã, levanto às sete e levo o café para a cacheada que fica na cama com uma *liseuse*. Depois tenho que cuidar das crianças, da minha e da dela, sair para fazer as compras, limpar a casa e arrumar as camas. A cacheada traz alguma coisa da lanchonete, em geral lasanha, porque adora lasanha. Mas eu não acho grande coisa a lasanha nem os outros pratos da lanchonete. A cacheada é infeliz nesta cidade. Acha que é miserável. Além disso, a lanchonete não vai nada bem. Eles precisam pagar as promissórias. Tinha me oferecido para cuidar das contas, mas o marido disse que eu não lhe parecia apta e creio que tem razão. Com frequência, a cacheada chora no meu ombro. Não consigo consolá-la porque eu mesma não sou alegre. O menino, porém, se dá bem aqui. Eu o levo ao jardim à tarde, com o outro menino. A cacheada tem um carrinho onde cabem os dois. No jardim, eu bato papo com as pessoas e conto mentiras. É bom ficar com os desconhecidos quando estamos deprimidos. Pelo menos podemos contar mentiras.

A cacheada agora não é mais uma desconhecida para mim. Sei de cor os traços de seu rosto, conheço todos os seus vestidos, as suas roupas de baixo, os bobes que coloca para fazer todos aqueles cachos, vejo-a comer lasanha todos os dias lambuzando toda a boca de tomate. Eu também não sou mais uma desconhecida para ela. Às vezes, me trata mal e eu respondo pior ainda. Não lhe conto mais mentiras, porque algumas vezes eu lhe contei toda a verdade, chorando em seu ombro. Contei-lhe que não tenho ninguém e que levei pontapés na bunda de todas as partes.

O menino da cacheada pesa nove quilos aos sete meses, o meu pesa somente sete quilos e duzentos gramas, no entanto um pediatra em Novi Ligure me disse que as crianças não precisam ser tão gordas. De resto, o meu é mais bonito e mais rosado, e devo dizer a você que agora tem os cabelos crespos e louros, não exatamente avermelhados como os seus, mas de um louro que vai dar no ruivo, e os olhos não são bem verdes, e sim de um cinza que talvez vá dar no verde. Às vezes, quando ri, acho que se parece com você, mas quando está dormindo não é nada parecido com você, parece meu avô Gustavo. A cacheada diz que se poderia fazer o teste do sangue para saber se ele é seu, mas também não é uma coisa segura, para saber se alguém é filho de outro alguém não existem métodos seguros. No fundo, o que importa, não lhe interessa e também a mim interessa pouco. Devo dizer que aqueles doze macacõezinhos que a sua mulher tinha me mandado agora são úteis, eu os tinha desprezado, mas estão servindo, e às vezes até o menino da cacheada, quando não tem outra coisa, veste um.

Aqui eu sou praticamente uma empregada. Não gosto de ser empregada e acho que ninguém gosta. À noite, vou me deitar morta de cansaço e com dor nos pés. Meu quarto fica atrás da cozinha. Morre-se de calor. Aqui, pagar mesmo não me pagam, porque dizem que sou de casa, isto é, de vez em quando me dão cinquenta mil liras, quando se lembram, mas desde que estou aqui só se lembraram duas vezes. É verdade que eles também estão em maus lençóis.

Guardei a minha peliça dentro de um saco no guarda-roupa da cacheada, e a cacheada de vez em quando ela abre o zíper e acaricia uma manga. Diz que gostaria de comprá-la, mas eu não quero vendê-la pois tenho medo de que ela me pague pouco, ou mesmo nada. Tinha pensado em não a vender, em guardá-la como recordação do tempo em que vivia com o pelicano, mas, ao contrário, eu a venderei, porque não sou sentimental. De vez em quando, tenho arroubos de sentimentalismo, que logo desaparecem. Logo volto a ser aquela que sou, ou seja, não sentimental e com os pés bem plantados no chão. Porém, o Osvaldo diz que eu não tenho absolutamente os pés plantados no chão e ando nas nuvens, e talvez seja verdade, pois às vezes caio de bunda no chão de modo assustador.

Vi o Osvaldo em meados de abril, quando parei em Roma, vindo para cá. Fui à lojinha e lá estava a senhora Peroni, que me acolheu, a mim e ao menino, com muita alegria, e ele chegou em seguida. Pedi-lhe notícias suas, mas ele não tinha nenhuma e acabara de voltar de um passeio pela Umbria com Ada, naturalmente. Acompanhou-me até a estação com o seu *cinquecento*. Sobre o pelicano, disse que se instalou numa vila que tem em Chianti, e talvez feche a editora porque não lhe interessa mais. De vez em quando Ada vai visitá-lo em Chianti. Agora o pelicano não me interessa mais e o tempo em que eu me desmanchava em lágrimas por ele já me parece muito distante. O importante é seguir em frente e afastar-se das coisas que fazem chorar. Osvaldo me disse que em Trapani eu me daria mal, que me fariam de empregada, como de fato aconteceu. Eu lhe disse que, aos poucos, com calma, eu arranjaria outra colocação, quem sabe um trabalho do tipo daquele que eu fazia na editora, antes de o pelicano me levar para viver na sua cobertura. Na verdade, ele não me levou, eu é que fui. De resto, Osvaldo não me propunha nada, só achava que eu não devia ir para Trapani, que bela descoberta, eu mesma já sabia que essa cidade de Trapani me mataria de tristeza à noite, mas basta não olhar pela janela, enfiar-se numa cama e cobrir a cabeça com o lençol.

Osvaldo ficou ali até o trem partir. Sentou-se na cabine. Comprou-me revistas e sanduíches. E me deu dinheiro. Deixei meu endereço em Trapani com ele, caso lhe desse na telha fazer uma visita. Depois nos abraçamos e nos beijamos, e ao beijá-lo compreendi que ele é bicha da cabeça aos pés, antes eu tinha dúvidas, mas naquele momento, no trem, todas as dúvidas desapareceram.

Escrevo-lhe meu endereço no fim da carta. Não sei se ainda ficarei aqui por muito tempo, pois, de tempos em tempos, a cacheada diz que não pode se dar o luxo de ter alguém de casa com ela. Às vezes diz isso, às vezes me abraça e diz que lhe faço muita companhia. A cacheada me dá pena. Ao mesmo tempo eu a odeio. Descobri que depois de conhecer as pessoas um pouco, elas dão pena. Por isso, é muito bom estar com desconhecidos. Porque ainda não chegou o momento em que dão pena e ódio. Acho que aqui se morre de calor em agosto. Escrevo-lhe no meu quarto. É um quarto com uma janela que para ser aberta é preciso subir na cama. Agora já está fazendo calor. Embaixo fica a lanchonete, e só de pensar nisso sinto mais calor ainda. Escrevo-lhe sentada na cama, e tenho ao lado um monte de roupa para passar, mas você pode imaginar se vou me meter a passar agora.

Escrevo-lhe para o mesmo endereço em Leeds. Muitas vezes me pergunto que vida você leva, com a sua mulher, nessa cidade inglesa. Será sempre melhor a sua vida do que essa que me coube. Homens que possam me interessar, por aqui, eu não vejo nenhum. Às vezes, me pergunto onde afinal foram se meter os homens que me interessam e que se interessam por mim.

Um abraço,

Mara

Via Garibaldi, 14, Trapani

36

4 de junho de 1971

Cara Mara,

Escrevo-lhe para dar uma notícia dolorosa. Meu irmão Michele morreu em Bruges, numa passeata de estudantes. Veio a polícia e os dispersou. Ele foi seguido por um grupo de fascistas e um deles deu-lhe uma facada. Parece que o conheciam. A rua estava deserta. Michele estava com um amigo, que foi telefonar para a Cruz Vermelha. Enquanto isso, Michele ficou sozinho na calçada. Era uma rua onde só havia armazéns e estavam fechados àquela hora, isto é, às dez da noite. Michele morreu no pronto-socorro do hospital às onze. O amigo dele telefonou para minha irmã Angelica. Minha irmã, o marido e Osvaldo Ventura foram a Bruges. Trouxeram-no para a Itália. Michele foi sepultado ontem em Roma, ao lado do nosso pai, falecido em dezembro passado, como deve se lembrar.

Osvaldo pediu-me para lhe escrever. Ele está muito transtornado. Eu também estou, como pode imaginar, porém tento ser forte. A notícia saiu em todos os jornais, mas Osvaldo diz que você não deve lê-los.

Sei que gostava do meu irmão. Sei que se correspondiam. Nós nos conhecemos numa festa, por ocasião do aniversário de Michele, no ano passado. Eu me lembro muito bem de você. Achamos que deveríamos informá-la de nossa imensa perda.

Viola

37

12 de junho de 1971

Cara Mara,

Sei que Viola lhe escreveu. Eu agora estou aqui, na casa da minha mãe, com a minha filha. Faço companhia à minha mãe, e passamos juntas os dias imóveis que se seguem a uma desgraça. São dias imóveis, mesmo se os enchemos de coisas para fazer, de cartas para escrever e de fotografias para ver, e são dias de silêncio, mesmo se tentamos falar o máximo possível, cuidar dos vivos, e um pouco recolhemos lembranças, até mesmo aquelas mais remotas, que parecem mais inócuas, um pouco perdemo-nos em detalhes mínimos que dizem respeito ao presente, e chega-se a falar alto e a rir intensamente, para ter a certeza de que não perdemos a capacidade de pensar no presente e a capacidade de falar e de rir intensamente. Mas tão logo ficamos caladas por um instante, ouvimos o nosso silêncio. De vez em quando vem o Osvaldo, que não traz nenhuma mudança nem ao nosso silêncio nem à nossa imobilidade. Por isso gostamos das visitas dele.

Gostaria de saber se você recebeu alguma carta de Michele nos últimos tempos. Ele não escreveu mais para nós. Os que o mataram não foram encontrados, e as indicações dadas por aquele rapaz que os viu são confusas e incertas. Creio que em Bruges Michele voltou a se aproximar dos grupos políticos, e creio que aqueles que o mataram tinham motivos precisos para isso. Mas são apenas hipóteses. Na verdade, nós não sabemos nada e tudo aquilo que conseguiremos saber serão outras hipóteses, que recolocaremos dentro de nós, continuando a inquiri-las, sem descobrir jamais qualquer resposta clara.

Há coisas em que não posso pensar e, em particular, não posso pensar nos momentos que Michele passou sozinho naquela rua. Também não posso pensar que, enquanto ele morria, eu estava tranquilamente na minha casa, fazendo os gestos de todas as noites, lavando os pratos e lavando as meias de Flora e pendurando-as com dois pregadores na sacada até o telefone tocar. Não posso pensar nem sequer em tudo aquilo que fiz no dia anterior, porque tudo levava tranquilamente àquele toque do telefone. O número do meu telefone foi dado àquele rapaz por Michele, num instante em que recuperou a consciência, mas morreu logo depois e também isso é horrível para mim, que o meu número de telefone tenha passado em sua memória enquanto morria. Ao telefone eu não entendia nada pois falavam alemão, eu não sei alemão, chamei Oreste, que sabe alemão. Depois, Oreste fez tudo sozinho, levou a menina à casa dos nossos amigos Bettoia, chamou Osvaldo, chamou Viola. Viola é quem foi à casa da minha mãe. Eu que queria lhe dizer, mas também queria partir, e no fim decidi partir porque queria me despedir de Michele e ver mais uma vez os seus cachinhos ruivos de que eu gostava tanto.

Vimos Michele na capela do hospital. Depois, na pensão, entregaram-nos sua mala, seu *loden*[13] e sua malha vermelha. Estavam em cima de uma cadeira no quarto dele. Quando morreu, estava de *jeans* e uma blusa de algodão branca com uma cabeça de tigre. Vimos a blusa e o *jeans* na delegacia, sujos de sangue. Dentro da mala, ele tinha um pouco de roupa de baixo, um pacote de biscoitos esmigalhados e um horário de trens. Fomos ver a rua onde o mataram. Era uma rua estreita, com depósitos de cimento em ambos os lados. Àquela hora do dia estava cheia de vozes e de caminhões. Estava conosco aquele amigo que estava com ele quando foi morto. Era um rapaz dinamarquês de dezessete anos. Mostrou-nos a cervejaria onde tinha comido

13 Tipo de casaco de lã felpuda, impermeável, de cor verde-escura, fabricado originalmente na Áustria. [N.T.]

com Michele de manhã e o cinema onde se enfiaram à tarde. Conhecia Michele havia três dias. Através dele não conseguimos saber quais eram os outros amigos de Michele ou as pessoas com quem estava. Assim, a pensão, a cervejaria e o cinema são as únicas coisas que sabemos a respeito dos dias que passou naquela cidade.

Escreva-me ou dê-me notícias de você e do seu filho. Agora me acontece de pensar vez ou outra no seu filho, porque Michele tinha me dito que também podia ser dele. Eu não o achava parecido com ele, quando o vi, embora nada exclua que seja mesmo dele. Porém, penso que deveríamos cuidar do seu menino de qualquer modo, sem perguntarmos se é dele, nós, ou seja, eu e minha mãe e as minhas irmãs, e por que acho que deveríamos eu não sei, mas nem todas as coisas que somos levados a fazer têm uma explicação, aliás, para dizer a verdade, acho que os deveres que temos não têm explicação. Assim, penso que procuraremos lhe mandar dinheiro de vez em quando. Não que o dinheiro vá resolver alguma coisa, sendo você sozinha, desorientada, nômade e tola. Mas cada um de nós é desorientado e tolo em algum lugar de si próprio e, às vezes, fortemente atraído pelo vagabundear e pelo respirar nada mais que a própria solidão, e então cada um de nós é capaz de se transferir para esse lugar para compreendê-la.

Angelica

38

Trapani, 18 de junho de 1971

Cara dona Angelica,

Sou uma amiga de Mara e estou lhe escrevendo porque Mara está muito arrasada para escrever. Mara me pede para expressar-lhes os pêsames pela grande desgraça que as atingiu e eu me uno a ela com minhas sentidas condolências. Mara está tão arrasada com essa desgraça que por dois dias não quis comer. É compreensível, já que o seu saudoso irmão Michele era o pai do meigo anjinho Paolo Michele, essa adorável criatura que neste momento está brincando no terraço em companhia da minha própria criatura, e em nome dessas duas almas inocentes peço-lhes encarecidamente que não esqueçam Mara, que se acha agora junto de mim, ajudando-me nos afazeres. Não creio que poderei manter comigo por muito tempo ainda o anjinho e a mãe, é um peso econômico considerável e, mesmo que me sinta próxima de Mara como uma irmã, preciso na verdade de uma verdadeira ajuda doméstica, e Mara tem muitos dissabores para se dedicar aos cuidados da casa, que exigem paciência, constância e boa vontade. Contudo, nem eu nem meu marido temos coragem de pô-los na rua. Peço a todos vocês, portanto, que tomem sob sua responsabilidade essa jovem precocemente sofrida e o inocente pequeno órfão de seu próprio filho precocemente chamado aos céus. Tenho dissabores, preocupações e dificuldades econômicas sem fim, fiz uma boa ação, mas não quero privar os outros da possibilidade de cumprir o seu dever e ao mesmo tempo de fazer uma boa ação.

Despeço-me respeitosamente e ofereço-lhe a minha devotada estima, confiante em que o meu apelo seja ouvido.

Lillia Savio Lavia

Permito-me lembrar que, mantendo Mara junto de si, terão o grande consolo de contemplar os traços do querido finado no meigo anjinho, e são consolos que aliviam como um orvalho benéfico os corações prostrados por um luto que não tem conforto.

39

Varese, 8 de julho de 1971

Cara Angelica,

Estou em Varese, na casa de um tio do Osvaldo. Como Osvaldo deve ter lhe contado, a cacheada e o marido me puseram para fora de casa. Agradeço muito o dinheiro que me mandou, mas infelizmente tive que dar quase tudo à cacheada, porque dizia que eu tinha quebrado todo um aparelho de pratos e realmente era verdade. Eu bati com o carrinho na porta num dia em que tinham uma dúzia de parentes para o almoço, e assim todos aqueles pratos se espatifaram desgraçadamente no chão.

Quando soube que Michele tinha morrido eu me joguei na cama chorando e passei o dia inteiro assim, com a cacheada que me trazia caldos, ela não era ruim quando parava de pensar na casa a ser limpa e no dinheiro que esbanjavam. Depois tomei coragem por amor ao meu filho e recomecei a viver como sempre, e a cacheada me aplicava injeções reconstituintes porque eu estava arrasada.

Eu não dei aquela sua carta para a cacheada ler e mantinha todas as minhas cartas escondidas dentro de um par de botas, mas um dia entro no meu quarto e encontro a cacheada na frente da cômoda, ela ficou vermelha e disse que estava procurando o espremedor de limão, eu disse que tinha entendido que o que queria era fuçar no meio das minhas coisas e brigamos ali mesmo, foi a primeira vez que brigamos com gritos e berros, e eu arranquei um babado do roupão dela, depois tornamos a brigar com gritos e berros no dia em que chegou o seu vale, eu entendi que não havia nada a fazer e fui retirar o vale e joguei-lhe o dinheiro na cara e ela pegou. Isso aconteceu poucos dias antes que eu fosse embora. Infelizmente, compreendi que na minha vida as minhas relações com as pessoas se deterioram depois de certo tempo, não sei bem se por culpa minha ou por culpa dos outros, e desse modo as minhas relações com a cacheada se deterioraram, e ainda assim me dou conta de que também lhe devo gratidão, mas agora não consigo lembrar dela com afeto e serenidade.

Você foi muito boa ao enviar aquele dinheiro e peço-lhe que agradeça também à sua mãe, porque acho que foi ela quem o deu para que me mandasse. Quando quiser me mandar dinheiro, eu lhe agradeço e aceito sempre, porém a honestidade me obriga a dizer uma coisa. Não creio que o meu filho seja de Michele. Não é parecido com ele. Em alguns momentos é parecido com meu avô Gustavo. Mas em outros parece com Oliviero, aquele rapaz que andava sempre com Michele e que usava sempre um pulôver cinza com duas listras de arvorezinhas verdes. Não sei se você se lembra desse Oliviero. Fui com ele três ou quatro vezes, e não me agradava em nada, mas vai ver que aconteceu justo com ele. Você diz muito bem na carta que sou tola e desorientada e que no entanto pode me compreender. Ainda que seja tão tola e desorientada, quis lhe dizer honestamente a verdade, porque não quero tapeá-la, pode ser que esteja disposta a tapear todos os outros, mas você eu não quero tapear. Como você diz muito bem, não há explicações para as coisas que sentimos que devemos ou não fazer. E, aliás, é bom que não existam explicações. Se houvesse explicações seria uma chatice tremenda.

Agora continuo a contar o desastre que aconteceu. A cacheada e o marido foram passear na Catânia. Deviam passar três dias fora, mas o carro quebrou. Então, anteciparam a volta e ao entrarem em casa me pegaram com um cunhado deles bem na cama do casal, eram três da tarde e era domingo.

Esse cunhado na verdade era irmão dele e cunhado dela. Tinha dezoito anos. Digo "tinha" porque não voltarei a vê-lo. Estava presente naquele almoço em que quebrei os pratos e tinha me ajudado a jogar os cacos na lata de lixo. Então nesse domingo eu estava sozinha em casa, enquanto eles, como já lhe disse, tinham viajado à Catânia. Estava pondo as duas crianças na cama, a minha e a deles, depois do meio-dia. Fazia um calor terrível. O tal Peppino tinha as chaves da casa, de modo que, de repente, deparei com ele. Não tinha ouvido a chave e me assustei. Era um rapaz alto, de cabelos pretos. Estava atrás de mim desde o dia dos pratos. Parecia um pouco com o Oliviero. Fechei as persianas no quarto das crianças e fomos para a cozinha. Disse que estava com fome e queria macarrão. Eu estava sem vontade de cozinhar e pus na frente dele um prato de lasanha. Ele disse que detestava aquela lasanha fria da lanchonete e sabia como era feita, ou seja, com óleo frito e superfrito e guardado num garrafão e o ragu feito com as sobras de carne dos pratos dos clientes. Assim, começamos a bater papo, falando mal da lanchonete e, por consequência, também da cacheada e do marido, a cunhada e o irmão dele, e de conversa em conversa fomos parar na cama dos dois, porque a minha cama era pequena, eu tinha lhe mostrado, mas ele tinha dito que a outra cama era muito melhor. Fazia pouco tempo que tínhamos acabado de fazer amor, estávamos ali abraçados e em paz, meio adormecidos e na penumbra, e de repente vi a cabeça da cacheada aparecer na porta e logo depois o marido, com sua grande cabeça careca e os óculos pretos. Peppino logo vestiu as calças e a camiseta e agarrou a blusa, acho que acabou de se vestir na escadaria, pois deu no pé correndo, deixando-me sozinha com aquelas duas cobras. Disseram-me para ir embora imediatamente, eu disse que queria esperar o menino acabar a soneca, mas nisso os dois meninos acordaram e estavam chorando. Fui arrumar a minha mala e nisso veio a cacheada e, de repente, começou a chorar no meu ombro, disse que entendia a minha juventude, mas o marido não queria entender e achava, principalmente, que eu tinha emporcalhado com o irmão a cama deles, a casa e também a alma inocente das crianças. A cacheada preparou o leite para o meu filho numa garrafa de plástico, eu lhe pedi uma garrafa térmica, mas ela não quis me dar porque só tinha uma, e ela já tinha me dado uma ainda na pensão, e eu com tantas peregrinações perdi. Mas aquela garrafa não devia estar limpa, e talvez por isso o leite tenha estragado, e de noite precisei jogá-lo fora. Disse-lhe que estava de partida e voltava para Roma, porém ao invés disso não parti e fui até uma padeira conhecida minha, o estabelecimento estava fechado, mas toquei numa porta traseira. A padeira disse que eu podia dormir na casa dela uma noite, não mais que uma noite, e armou para mim uma cama de vento num vão de escada, e o menino eu acomodei na bolsa de plástico, onde sente calor, sendo que na casa da cacheada ele dormia num velho bercinho. De noite localizei o Peppino, telefonando à lanchonete, ele veio e fomos passear, depois fomos fazer amor num descampado perto da ferrovia. Enquanto fazíamos amor, pensei que estava pouco me lixando para esse Peppino, porque não sinto nada pelos rapazes mais novos do que eu, consigo me apaixonar só por sujeitos mais velhos, quando me parecem cheios de segredos estranhos e estranhas tristezas como o pelicano. Porém, divirto-me com os rapazes mais novos, fico bem alegre e ao mesmo tempo sinto pena deles, pois me parecem bobos e tolos como eu, e sinto-me como se estivesse sozinha, mas muito mais alegre. Com Michele também era assim, era um grande divertimento estar com ele e passamos juntos momentos maravilhosos, que para mim não tinham nada a ver com o verdadeiro amor, pareciam os momentos que eu passava, quando criança, jogando bola com as outras crianças na rua, diante da minha casa. De repente, ali com Peppino, comecei a pensar em Michele e tive vontade de chorar, e pensei que não consigo mais ficar alegre por muito tempo e não conseguirei mais, porque penso e lembro sempre muita coisa, e Peppino achava que estava chorando porque a cacheada tinha me mandado embora, e me consolava a sua maneira, imitando o miado do gato que ele sabia imitar muito bem. Mas eu continuava a soluçar, pensando em Michele que morreu assassinado numa rua, e dizia a mim mesma que eu também poderia acabar assassinada de noite, sabe-se lá em que esquina de rua, sabe-se lá onde, talvez longe do meu menino, e comecei a pensar no meu filho que eu tinha deixado com a padeira. Então disse ao Peppino que parasse de miar feito gato, que não me fazia rir de jeito nenhum, daí me lembrei de repente da minha peliça que tinha me esquecido de pegar na correria, e ainda estava lá dentro do saco, pendurada no guarda-roupa da cacheada, e então no dia seguinte o Peppino foi buscá-la, abrindo com a sua chave, e trouxe-a para mim na casa da padeira. Na realidade, não queria ir até lá, com medo de encontrá-los na escadaria, mas, de tanto eu pedir, depois ele se convenceu e não os encontrou. Vendi a peliça a uma amiga da padeira por quatrocentas mil liras, e assim, com essas quatrocentas mil liras, instalei-me num motel. Do motel, telefonei ao Osvaldo na lojinha em Roma, ele me disse que pensaria para onde eu poderia ir e depois ligou e disse que poderia ir para a casa do tio dele em Varese, um velho senhor que estava à procura de alguém que dormisse em casa para não passar a noite sozinho. Assim, agora me encontro aqui, numa bela vila com um jardim cheio de hortênsias, me aborreço, mas estou bem, o menino está bem, esse tio do Osvaldo é bastante gentil, talvez bicha, bonito e perfumado com belos paletós de veludo preto, não faz nada, antes vendia quadros e a vila está cheia de quadros. Acima de tudo é surdo como uma porta e não ouve a criança quando chora de noite. Estou num belo quarto com papel de parede florido, nenhuma comparação com aquele buraco onde eu dormia em Trapani, e acima de tudo ainda o bom é que aqui não preciso fazer quase nada a não ser cortar as hortênsias e colocá-las nos vasos e de noite cozinhar dois ovos escaldados, um para esse tio e outro para mim. A única coisa é que não sei se poderei ficar por aqui porque o tio diz que Ada talvez lhe mande o seu criado, e então se Ada lhe mandar o criado, ele não precisará mais de mim, essa Ada está sempre no meu caminho, podia ter um piripaque. Eu até estaria sempre bem aqui, acho que aguento o tédio, só que às vezes tenho medo nessa vila solitária, antes eu nunca tinha medo, agora, de uma hora para outra, me dá medo e sinto um nó na garganta, me lembro de Michele e me ponho a pensar que eu também morrerei e talvez morra justamente aqui, nessa bela vila com um tapete vermelho na escada e com as torneiras todas torneadas nos banheiros e vasos de hortênsias até mesmo na cozinha e pombas que vêm arrulhar nos parapeitos.

Mara

40

8 de agosto de 1971

Caro Filippo,

Eu o vi ontem na Piazza di Spagna. Não creio que você tenha me visto. Eu estava com Angelica e Flora. Você estava sozinho. Angelica achou-o envelhecido. Eu não sei se o achei envelhecido. Você estava com o paletó nos ombros, o seu gesto habitual de alisar a testa enquanto caminha. Entrou na Babington.

Acho muito estranho vê-lo passar na rua e não o chamar. Mas na verdade não teríamos nada de especial para dizer. Para mim é indiferente o que lhe acontece e decerto será indiferente para você o que acontece comigo. O que lhe acontece me é indiferente porque sou infeliz. O que acontece comigo lhe é indiferente porque você é feliz. De qualquer modo, hoje você e eu somos dois estranhos.

Sei que você foi ao cemitério. Eu não estava no cemitério e Viola me disse que você tinha ido. Sei que você lhe disse que desejava vir me visitar. Até agora não veio. Mas eu não tenho vontade de vê-lo. Em geral, não tenho vontade de ver ninguém, exceto as minhas filhas, com suas inevitáveis ramificações familiares, minha cunhada Matilde, o nosso amigo Osvaldo Ventura. Eu não me dou conta de querer a companhia dessas pessoas, porém, se não as vejo por alguns dias, sinto falta. Pode ser que se você viesse me visitar, eu me habituasse imediatamente a você, e não quero me habituar a uma presença que por força das circunstâncias não seria constante. Aquela rósea mulherzinha com quem se casou não permitiria que viesse com frequência. E eu não me contentaria com uma simples, formal e única visita de condolências que você me fizesse. Não me serviria para nada.

Já que é possível que, nesse tempo em que não nos vimos, você tenha se tornado totalmente estúpido, esclareço que nas palavras "rósea mulherzinha" não há nenhuma espécie de mordacidade. Se eu tinha ciúme ou mordacidade em relação a você, as circunstâncias da minha vida se encarregaram de destruí-los.

Acontece-me de vez em quando pensar em você. Hoje de manhã, lembrei-me inesperadamente de um dia em que eu e você fomos a Courmayeur no seu carro, encontrar Michele que estava lá, num acampamento. Michele devia ter uns doze anos na época. Lembro quando o vimos na frente da barraca, de torso nu e com os pés sem meias nas botinas. Eu fiquei alegre de vê-lo tão bem de saúde, bronzeado, coberto de sardas, as de sempre mais outras mil. Na cidade, às vezes era muito pálido. Saía pouco. O pai dele não lhe dizia que saísse. Fomos dar uma volta de carro, fazer a merenda num chalé. Como sempre, você estava nervoso com Michele. Não gostava dele. Ele não gostava de você. Você dizia que ele era um garoto mimado, presunçoso, caprichoso. Ele o achava antipático. Não dizia, mas era evidente o que pensava. Porém, naquele dia foi tudo muito bonito, calmo, sem uma palavra má entre vocês dois. Entramos numa loja onde vendiam objetos turísticos e cartões-postais. Você lhe comprou um chapéu verde com acabamento de camurça. Estava feliz. Colocou-o enviesado sobre os cachinhos. Podia até ser mimado, mas também ficava feliz com uma coisa de nada. No carro, pôs-se a cantar. Era uma canção que o pai sempre cantava. Costumava me irritar porque me fazia lembrar o pai dele, em relação ao qual, na época, eu sentia azedume. Mas naquele dia eu estava contente, e todos os meus azedumes pareciam leves, doces, respiráveis. A canção dizia: *"Non avemo ni canones / ni tanks ni aviones / oi Carmelà"*. Você também conhecia a canção e continuou: *"El terror de los fascistas / rumba / larumba / larumba / là"*. Posso parecer boba, escrevi esta carta para lhe agradecer por ter cantado com Michele naquele dia e também por ter lhe comprado o chapéu com acabamento de camurça, que ele ainda usou por dois ou três anos. Queria ainda pedir-lhe um favor, se você sabe toda a letra dessa canção, transcreva-a e mande-me pelo correio. Pode parecer esquisito, mas nós nos apegamos aos menores e mais esquisitos desejos, quando na verdade não desejamos nada.

Adriana

41

Ada tinha viajado com Elisabetta para Londres. Osvaldo ia buscá-las no início de setembro. Agora ainda tinha o que fazer em sua lojinha. Era 20 de agosto. Angelica devia partir para uma viagem de carro com Oreste, a filha e os Bettoia. Viola ficava com Adriana. As gêmeas estavam acampando nas Dolomitas.

Angelica e Viola tinham acompanhado Ada e Elisabetta ao aeroporto, com o carro de Viola. Agora estavam voltando. Osvaldo seguia atrás delas com seu *cinquecento*.

De manhã, Angelica e Viola tinham ido com Lillino a um tabelião, e tinham assinado o ato de venda da torre. A torre fora comprada pelo pelicano. Ele não tinha comparecido ao cartório. Tinha mandado o advogado. Ele continuava no Chianti. Tinha diversas doenças, dizia Osvaldo, de todo imaginárias, mas mesmo assim dolorosas. Não saía mais daquela sua vila no Chianti. Ada cuidava da editora. Cuidava sem receber um tostão. Mas Ada não ligava para dinheiro, disse Angelica a Viola. Estava sentada no carro ao lado de Viola, que guiava com seu perfil imóvel e gracioso, os olhos fixos nas ruas. Apesar do grande calor, tinha os cabelos perfumados e penteados, escovados demoradamente e muito brilhantes. Estava com um vestido de linho branco, bem passado e fresco. Angelica estava de *jeans* e com uma camiseta amarrotada. Tinha passado a tarde fazendo as malas. Viajava no dia seguinte.

Ada não ligava para dinheiro, disse Angelica, de fato não ligava por ter muito. Quanto ao pelicano, ele também pouco ligava para dinheiro por te-lo até de sobra. Tinha comprado a torre, não se entendia bem por quê. Com certeza, nunca poria os pés lá. Nem tinha chegado a vê-la. Ada devia tê-lo convencido de que a torre era um bom investimento. Ada planejava transformar aquela torre em algo diferente, não se sabia o que, talvez um restaurante ou talvez uma casa de repouso.

Belo repouso, disse Viola. Era muito cansativo chegar até a torre. "Você não chegou a vê-la, mas eu sim", disse. "Mas se estou lhe dizendo que Ada irá transformá-la", disse Angelica. "Fará uma estrada ali. Uma piscina. Bangalôs. E mais não sei o quê." O que unia aqueles dois, disse Angelica, aqueles dois, ou seja, Ada e o pelicano, era certa curiosidade pelo dinheiro e pelas transformações que o dinheiro podia fazer nas coisas e uma profunda indiferença quanto a gastá-lo e possuí-lo, tendo-o de resto em grande quantidade. O que os distinguia era que Ada não conseguia imaginar-se pobre, e nem sequer tentava, enquanto o pelicano passava a vida imaginando-se pobre, com calafrios doentios ao longo da espinha e sobressaltos de horror e desejo.

– E assim terminou a nossa torre – disse Viola.

– Nunca foi nossa – disse Angelica.

– Nem era bonita – disse Viola.

– Eu imagino – disse Angelica.

– Por fora, era um monte de pedras com uma janela no alto. A forma era vagamente a de uma torre, mas qualquer amontoado de pedras pode ser chamado de torre, se se pretende dar-lhe esse nome. Por dentro, tinha cheiro de merda e havia muita merda espalhada por lá. Eu me lembro principalmente da merda.

– Mas ele não sente cheiros – disse Angelica.

– Ele quem?

– O pelicano. Tem aquele nariz, mas diz que nunca sente nenhum tipo de cheiro.

– De qualquer modo, não dá para entender por que a comprou. E também não dá para entender por que nosso pai a tinha comprado.

– Se Ada disse que era um bom investimento, não há dúvida de que Ada tem razão.

– Então não dá para entender por que nós a vendemos – disse Viola.

– Porque Lillino aconselhou.

– E se nos tiver dado um mau conselho?

– Paciência.

– Eu não sabia o que fazer com aquela torre de merda – disse Viola. – Mas é verdade que tinha sido comprada pelo nosso pai. Sinto muito por tê-la chamado "torre de merda". Falei sem pensar. Mas de qualquer modo agora não dá para voltar atrás. Com a torre, nós encerramos.

– Se é que alguma vez nós começamos – disse Angelica.

– Fico angustiada de permanecer sozinha com mamãe naquela casa solitária – disse Viola. – Não gosto de lugares solitários. Não gostava da torre também por isso.

– A Matilde está lá – disse Angelica.

– A Matilde não me tira nem uma gota de angústia.

– Existe o telefone. Não lembra que agora há um telefone? Faz uma semana. Graças a Ada. E depois o cachorro da Ada também estará lá. Osvaldo vai levá-lo.

– Eu não suporto cachorros – disse Viola. – Terei que cuidar do cachorro, dos coelhos e do carneiro das gêmeas, que é preciso amamentar com a mamadeira. Pelo menos podiam ter levado o carneiro.

– Às Dolomitas?

– Tenho medo de estar grávida – disse Viola. – Estou com um grande atraso.

– Tanto melhor. Vive falando que quer um bebê.

– Tenho medo porque estarei naquela casa isolada, sem um médico à mão.

– Pode telefonar ao doutor Bovo. Irá imediatamente. E depois, o que se pode fazer? Mamãe não podia ficar ali sozinha. Matilde tem sono profundo. Nem terremotos a despertam. Cloti saiu de férias. Eu preciso viajar por alguns dias. Prometi à menina. Mas voltarei logo e você irá embora.

– Eu sei. Não se discute. Só quero dizer que estou angustiada. Quero dizê-lo, não sei por que deveria guardar isso dentro de mim. Elio viajou ontem para a Holanda. Estava desesperado por ir sem mim.

– Podia ficar com você.

– Não que tivesse vontade de ver a Holanda. Estava precisando se distrair. Pobre Elio. Ficou arrasado com a morte de Michele. Está com remorso por não ter ido a Leeds, quando Michele se casou. Diz que poderia ter lhe dado conselhos úteis.

– De que tipo?

– Não sei. Conselhos. Elio é muito humano.

– Michele foi assassinado. Pergunto que espécie de conselhos humanos podiam protegê-lo dos fascistas que o mataram.

– Se ficasse tranquilo em Leeds, não o matavam.

– Pode ser que achasse difícil ficar tranquilo.

– A última vez em que o vi, foi no Largo Argentina. Estava saindo daquela rotisseria do Largo Argentina. Disse-me "olá" e logo se mandou. Perguntei-lhe o que tinha comprado. Disse: "Um frango assado". São essas as últimas palavras que me disse. Que palavras pobres. Eu o vi ir embora com o seu saco de papel. Um estranho.

Estavam diante da casa da mãe. Viola estacionou o carro perto dos dois abetos anões, extenuados e esmorecidos por causa do calor. Angelica tirou as bagagens do porta-malas. "Mas quanta coisa você trouxe", disse. "Um frango assado", disse Viola. "Suas últimas palavras. Ainda ouço a voz dele dizendo isso. Como nos queríamos bem quando crianças. Brincávamos com as bonecas de mamãe e filha. Eu era a mãe e ele a filha. Ele queria ser uma menina. Queria ser igual a mim. Mas depois, não me tolerava mais. Me desprezava. Dizia que eu era uma burguesa. Mas eu não sei ser diferente. Além disso, ele gostava só de você. Eu morria de ciúme de você. Com certeza, você se lembra de muitas coisas dele. Você o via sempre. Era amiga dos amigos dele. Eu sabia só os nomes. Gianni, Anselmo, Oliviero, Osvaldo. Em relação ao Osvaldo, jamais gostei que fossem tão amigos. Era uma amizade de homossexuais. É inútil querer esconder. Só de ver os dois já se entendia. O Elio, que os viu juntos, também me disse. Eu ainda não consigo me conformar que Michele tivesse se tornado um homossexual. Michele diria que sou conformista. Fico angustiada ao ver Osvaldo. É gentil, é tudo aquilo que você quiser, mas fico angustiada ao vê-lo. Eu o verei frequentemente, porque vem frequentemente aqui. O que vem fazer, não se sabe. Lá vem ele. Está chegando. Reconheço o barulho do *cinquecento*. Mas mamãe gosta. Ou não pensa nisso, ou então pensa e já se acostumou. Provavelmente a gente se acostuma com tudo."

– A gente se acostuma com tudo quando não resta mais nada – disse Angelica.

42

Leeds, 9 de setembro de 1971

Cara Angelica,

Estou em Leeds desde ontem de manhã. Dormi numa pensão chamada Hong-Kong. Você não pode imaginar nada mais triste que a pensão Hong-Kong em Leeds.

Deixei Ada e Elisabetta em Londres, porque era inútil que viessem aqui.

Descobri aquele rapaz que tinha lhe escrito e que se chama Ermanno Giustiniani. Ainda está lá, naquele endereço que tinha lhe dado. É um rapaz simpático, com um rosto afilado e particularmente pálido, e uma aparência de malaio, e de fato ele me disse que a mãe dele era de origem asiática.

Disse-me que Eileen e as crianças voltaram para os Estados Unidos. Não sabe o endereço. Disse que Eileen era mesmo uma mulher de grande inteligência, mas alcoólatra. Michele casou com ela, propondo-se salvá-la do álcool. Isso tem a ver com ele, porque gostava de ser chamado para socorrer o próximo. Só que a generosidade era inútil, durava pouco. O casamento de ambos virou pó depois de oito dias. Por oito dias, pareciam felizes. Ele não os conheceu naqueles oito dias, conheceu-os depois, quando tudo já estava praticamente acabado. Alguns conhecidos lhe contaram que durante oito dias Eileen tinha parado de beber e parecia outra pessoa.

Ermanno acompanhou-me à casa de *Nelson Road*, onde moravam Eileen e Michele. Na casa, está escrito *For sale*, ou seja, foi colocada à venda. Então fui à imobiliária e pude visitá-la. É uma pequena casa inglesa, de três andares, um aposento por andar, mobiliada com miseráveis móveis *liberty* de imitação. Entrei em todos os aposentos. Na cozinha, ainda havia um avental que podia ter sido de Eileen, com desenhos de tomates e cenouras, e um impermeável que também podia ter sido de Eileen, de cetim preto, com um rasgo na manga. Mas são apenas hipóteses. Num aposento havia figuras da Branca de Neve e os sete anões nas paredes e, no chão, uma tigela com leite estragado, evidentemente deixado ali para um gato. Se lhe descrevo com tantas minúcias essas coisas, é porque penso que você gostaria de saber. De Michele não encontrei nada, a não ser uma blusa de lã usada como pano de pó e pendurada numa vassoura, e pareceu-me uma blusa que ele tinha comprado uma vez para o inverno e de fato olhei e havia a etiqueta da Anticoli, aquela loja da Via Vite. Após um instante de incerteza, deixei-a onde estava. Creio que não adianta nada guardar os objetos dos mortos quando foram usados por desconhecidos e a sua identidade evaporou-se.

A visita a essa casa deixou-me mergulhado numa tristeza sem fim. Estou aqui, no quarto da pensão, e vejo pela janela a cidade de Leeds, uma das últimas cidades por onde Michele caminhou. Por esse rapaz simpático, Ermanno Giustiniani, com o qual jantarei esta noite, não consigo saber muito sobre Michele porque ele o viu pouco ou pouco se lembra dele, ou talvez se entristeça de falar muito a respeito comigo. É um rapaz. Os rapazes de hoje não têm memória e, sobretudo, não a cultivam, e você sabe que Michele também não tinha memória, ou melhor, não se convencia jamais a absorvê-la e a cultivá-la. Entre os que cultivam as lembranças talvez ainda estejamos você, sua mãe e eu, você por temperamento, eu e sua mãe por temperamento e porque na nossa vida atual não há nada que valha os lugares e os instantes encontrados durante o percurso. Enquanto eu vivia ou via esses instantes ou esses lugares, eles tinham um esplendor extraordinário, mas por eu saber que me dedicaria a recordá-los. Sempre me magoou profundamente que Michele não quisesse ou não pudesse conhecer esse esplendor, e seguisse adiante sem jamais virar a cabeça para trás.

Porém, creio que, sem saber, ele contemplasse esse esplendor dentro de mim. E muitas vezes pensei que, ao morrer, talvez ele tenha conhecido e percorrido num relance todos os caminhos da memória, e esse pensamento é para mim um consolo, porque nos consolamos com nada quando não temos mais nada, e até mesmo ter visto naquela cozinha aquela blusa esfarrapada que não recolhi foi para mim um estranho, gélido, desolado consolo.

Osvaldo

Posfácio

Ofício de escrever

...O romance é semelhante ao mar. Sua única pureza está no sal. Qual o sal deste livro?

WALTER BENJAMIN[1]

Apesar de Natalia Ginzburg nunca ter se furtado a esclarecimentos sobre o próprio ofício[2] dirigidos a nós, leitores, e talvez a si própria, e apesar de W. Benjamin estar, na citação acima, discutindo a literatura épica, me alio a ele quando observa que o sal literário tem a mesma função do sal químico: tornar mais duráveis as coisas. Mas a duração aqui é menos no tempo que no leitor, porque o verdadeiro leitor lê para "conservar". O quê?, podemos perguntar em se tratando de *Caro Michele*.

Para começar, foi comum à geração da autora o desejo de fugir, tanto da literatura do final do século XIX, "verista" ou "naturalista", quanto da literatura

1 Walter Benjamin, "A crise do romance", in *Obras escolhidas*, trad. Sergio Paulo Rouanet, pref. Jeanne Marie Gagnebin, v. 1. São Paulo: Brasiliense, 1985, pp. 54-60.

2 Cf. Natalia Ginzburg, "Il mio mestiere" in *Le piccole virtù*, in *Opere*, vol. 1, recolhidas pela autora, pref. Cesar Garboli. Milão: Mondadori, 1986, pp. 839-54; e "Autobiografia in terza persona", in *Non possiamo saperlo – saggi 1973-1990*, Domenino Scarpa (org.). Turim: Einaudi, 2001.

dos anos do fascismo italiano. Dessa geração faziam parte Cesare Pavese, Elio Vittorini, Italo Calvino e Eugenio Montale, entre outros. Diante do horror dos tempos – será suficiente lembrar as consequências das duas guerras mundiais –, havia entre eles consenso a respeito da necessidade de buscar caminhos novos, modelos que negassem o tom da retórica oficial, elevada e enfática, apoiando-se em vez disso em uma declarada e desiludida antirretórica. Essa foi a base de sustentação de suas diferenças individuais, pois compreendiam que à resistência ideológica deveria por força corresponder a resistência literária. Era necessário encontrar outra forma, "porque a Itália não aguentava mais fascistas de tórax musculoso, competições esportivas [...], cansada como estava das mulheres que o fascismo pusera em moda: tetas e coxas de bronze, coroadas por espigas sobre pontes e fontes".[3]

Ora, foi contra essa *forma* irradiante, difundida em todas as esferas da sociedade, que se estruturou a transformação estética. Era preciso "torcer o pescoço à eloquência", como pregava Montale, e saber que no pêndulo entre subjetividade e contexto, isto é, entre o "dentro" e o "fora" na literatura, "il fuori/ è armato fino ai denti" ("o fora/ está armado até os dentes").[4]

Quanto a Natalia Ginzburg – que permaneceu toda a vida fiel aos ideais de esquerda –,[5] sua sólida formação de escritora foi construída ao lado dos companheiros de geração e com a confessada admiração por Tchekhov, Kafka, Proust, de quem foi tradutora,[6] além dos modernos narradores norte-americanos, em

3 N. Ginzburg, *Todas as nossas lembranças*, trad. Maria Betânia Amoroso. São Paulo: Art Editora, 1986, p. 231.

4 Eugenio Montale, "Poesia", in *Poesias*, sel., trad. e notas de Geraldo Holanda Cavalcanti, pref. de Luciana Stegagno Picchio. Rio de Janeiro/ São Paulo: Record, 1997, p. 256.

5 Pertencente a uma família de judeus antifascistas e não sionistas (o sionismo leva ao imperialismo, diziam), casada com Leone Ginzburg, assassinado na prisão em 1944 por suas atividades políticas, Natalia Ginzburg fez parte do Partido Comunista entre 1946 e 1952. Quando faleceu, em 1991, era deputada pelo Partido dos Independentes de esquerda.

6 Na década de 1980, Natalia também traduziu *Madame Bovary*, de Gustave Flaubert. [*La signora Bovary*. Turim: Einaudi (Scrittori tradotti da scritori) 3, 1983.

especial Hemingway. Aos dezessete anos, ouviu o que disse Carlo Levi[7] de seus primeiros livros: eram interessantes, mas ela escrevia *por acaso*, sem intencionalidade, pescando aqui e ali o que vinha a calhar, quando o necessário era escrever a partir do próprio conhecimento e da própria experiência. Aprendeu a lição e passou a citar com frequência essas palavras.

A todos esses nomes devemos acrescentar a descoberta de Ivy Compton-Burnett,[8] que desempenhou um papel importante em sua ficção da maturidade, na qual se inclui *Caro Michele*. Podemos estender a Ginzburg o que o escritor Philip Hensher disse de Compton-Burnett: seus livros não poderiam ter sido escritos antes da Primeira Guerra Mundial, diante do espetáculo do extermínio em massa e do abuso do poder, jamais vistos antes na Europa.[9]

O achado deu-se nos anos 1960, quando Natalia acompanhou Gabriele Baldini, seu segundo marido, a Londres e dele recebeu, como presente, a obra da ficcionista inglesa. Leu então lentamente todos aqueles livros, sentindo-se entediada, pois lia em inglês com dificuldade, e, ao mesmo tempo, seduzida, pois eram livros compostos sobretudo de diálogos precisos e secos. Percebeu então que poderia resolver a própria dificuldade no uso da terceira pessoa, contra sua vontade sempre escorregando para a primeira. Pois não se tratava de

7 Nascido em Turim, Carlo Levi (1902-1975) foi médico, escritor, pintor e importante ativista político. Seu famoso livro *Cristo si è fermato a Eboli* foi concebido durante o confinamento no sul da Itália, quando então teve contato direto com a miséria da região, e escrito enquanto a Gestapo procurava por ele entre 1933 e 1934. Cf. N. Ginzburg "Ricordo di Carlo Levi". *Corriere della Sera*, 8 jan. 1975, transcrito parcialmente in *È difficile parlare di sé* (Entrevista à Radio 3, primavera de 1991), Cesare Garboli, Lisa Ginzburg e Marino Sinibaldi (org.). Turim: Einaudi, 1999, pp. 14-16.

8 Ivy Compton-Burnett (1884-1969), sem tradução no Brasil, é das mais originais escritoras do século XX; desvela um mundo de dor e de crueldade sempre trabalhando com variações de temas familiares (adultério, incesto, homossexualidade, luta pelo poder, incluindo-se o mundo dos serviçais e agregados). São romances devastadores que incorporam tragédia e ironia, elogiados por Virginia Woolf e estudados com paixão por Natalia Ginzburg, Mary McCarthy e Nathalie Sarraute.

9 Philip Hensher, "Introdução", in Ivy Compton-Burnett, *The present and the past* [1953]. Londres: Penguin Books, 1999.

usar a primeira pessoa com função lírica ou psicológica, o que é comum na literatura, porém com função de distanciamento, como acontece também na melhor poesia.

Ora, em *Caro Michele* a solução foi encontrada por meio das cartas, na medida em que missivistas diferentes a cada momento dizem "eu", em situações nas quais as mediações são desdobradas, podendo fazer soar disfarçadamente a voz do próprio narrador, encoberto pela esperteza da composição.

Além disso, para Natalia era surpreendente que os romances de Compton-Burnett se parecessem todos uns com os outros. Ela não mudava de assunto, e sua paciência em compor era "martelante e infernal". Natalia terminou por confessar que, ao escrever *Le voci della sera* [*As vozes da noite*], em 1962, tinha aqueles diálogos na cabeça, parecendo-lhe à época que fazia algo inteiramente novo.[10]

Em dezembro de 1969, ano da morte da escritora inglesa, Natalia publicou um artigo sobre ela breve, porém revelador,[11] avaliando-a como "um lúcido e industrioso engenheiro". Assinalou que, por mais violentas que fossem as tramas, não se ouvia grito algum, e jamais uma gota de sangue aparecia nas paredes das casas; ali, amores incestuosos aconteciam em segredo, bebês eram mortos, e testamentos, queimados; mas não havia descrições; natureza e espaços, embora invisíveis, eram ao mesmo tempo envolventes; os personagens mereciam apenas uma ou duas pinceladas certeiras, não por pressa ou impaciência, e sim por uma desdenhosa parcimônia e recusa de coisas supérfluas.

Lendo-a, Natalia sentiu-se presa numa armadilha, "colada à terra". Na paisagem invernal, os diálogos soavam com a precisão de bolinhas de pingue-pongue, exatos como um jogo de xadrez ou um teorema de geometria.

Pensando, a princípio, que execrava aqueles textos, compreendeu por fim que os amava com paixão. Naquele mundo, nenhuma espécie de felicidade era possível, pois algo com esse nome só se configurava como o triunfo do orgulho e do dinheiro, que cimentam o poder. Apesar disso, sentiu que neles

10 Cf. *È difficile parlare di sé*, op. cit., p. 122.

11 N. Ginzburg, "La Grande Signorina", in *Mai devi domandarmi*, in *Opere*, op. cit., vol. II, pp. 93-97.

podia beber "como a água de uma fonte". Compreendeu também que a poesia estava naquelas linhas do mesmo modo que a natureza: "totalmente invisível, totalmente involuntária [...], como o céu infinito e fosco, que se abria a signos malignos e desertos".

O comentário surpreende o leitor de Ginzburg, porque são muitos os traços da escritora inglesa presentes desde sempre em seus escritos, como se a descoberta confirmasse seu projeto literário, ou como se ela comentasse a própria ficção por tabela, acentuando a íntima afinidade entre ambas.

Mas, no texto que abre o volume de seus ensaios escritos entre 1973 e 1990,[12] talvez possamos acompanhar o caminho sinuoso que percorre sua compreensão de Compton-Burnett. Nele, Ginzburg nos mostra uma espécie de espelho mágico, onde uma criança vê projetada, no presente, sua imagem futura de escritora. O texto é "Un matrimonio in provincia", escrito como nota introdutória ao romance homônimo de Marchesa Colombi,[13] publicado em 1885 e republicado pela Einaudi em 1973, na coleção Centopagine.[14] Nessa introdução, ela nos conta por que no início também detestou o romance, cujo cenário se parecia com o da sua casa, e cujos personagens não tinham nenhum "mel".

Ora, 1973 era o mesmo ano da publicação de *Caro Michele*. Domenico Scarpa[15] observa que, em "Un matrimonio in provincia", a Natalia de sete anos via encarnada sua identidade futura numa obra escrita antes de seu próprio nascimento. Não por acaso ela confessou ter composto aos oito anos, portanto um ano depois de ter lido o livro, uma comédia intitulada *Dialogo*, apoiada nas frases cristalizadas dos irmãos e no compasso de cada um. "Mamma, dammi due lire" – dizia sempre Alberto, o que divertiu muito a família.[16] Somos levados

12 Id., *Non possiamo saperlo*, op. cit., pp. 7–13.

13 Marchesa Colombi, pseudônimo literário de Maria Antonietta Torriani (1846–1920), explorava temas caros ao verismo, ligados à problemática social, que a escritora temperava com traços irônicos, às vezes sarcásticos.

14 Cf. "Un matrimonio in provincia", trad. e comentário de Vilma Arêas, em *Ficções 11*. Rio de Janeiro: 7 Letras, 2003, pp. 31–37.

15 D. Scarpa, "Posfácio", in "Un matrimonio in provincia", op. cit., pp. 201–10.

16 N. Ginzburg, *È difficile parlare di sé*, op. cit., p. 130.

a supor que a menina foi inspirada pela mesma técnica de caracterização de personagens utilizada por Colombi.

Rebobinando o tempo e desdobrando-o mais uma vez, percebemos que a ficção de Compton-Burnett só deve ter sido inteiramente compreendida pela Natalia adulta a partir dos sentimentos contraditórios da menina de sete anos, recordados pela escritora cinco décadas depois, ao provar aquela *madeleine* surpreendente e sinuosa, transformada no livro detestado e amado de Marchesa Colombi.

O interesse da nota introdutória de Natalia se localiza também na mistura de comentário estético, ficção e autobiografia, ao descrever a formação do gosto literário numa criança, que aos poucos surge e se afirma, entre sedução, surpresa e conflito. Natalia nos diz que, ao reler o livro de Marchesa Colombi na idade adulta, nele encontrou a própria infância em cada palavra. Ainda mais, percebeu que seus próprios romances eram sempre banhados pela mesma luz invernal despedida por aquelas páginas, iluminando nas pessoas os mesmos traços "amargos e alegres".

Não será casual que a primeira cena de *Caro Michele* mostre Adriana deprimida, no dia de seu aniversário, recolhendo cascas de maçãs para os coelhos "que ainda não tinha", vestida de marrom da cabeça aos pés, enquanto vê a neve caindo lá fora.

O romance, *Un matrimonio in provincia*, diz Natalia, não havia sido simplesmente lido pela menina, mas percorrido e revistado em seus muitos ângulos "como uma estrofe [...] perscrutado e interrogado como um rosto, em cada traço e em cada ruga [...]".[17]

Será essa a exigência para a leitura de *Caro Michele*, a fim de que possamos "segurar em nossas mãos apenas algumas franjas da tapeçaria vivida, tal como o esquecimento a teceu para nós"?[18] Que os livros sejam lidos como uma estrofe e do mesmo modo revistados?

Nesse caso, todos os pormenores têm significado, a partir da adjetivação sincopada dos textos de Natalia, apoiando-se frequentemente em pares

17 Id., *Non posiamo saperlo*, op. cit., p. 12.

18 W. Benjamin, "A imagem de Proust", in op. cit., pp. 36-49.

de adjetivos contraditórios, ou em três ou quatro adjetivos seguidos, que são "quatro como os pontos cardeais, quatro como os muros de uma casa", diz Domenico Scarpa,[19] vendo nessa disposição quaternária uma recordação do mesmo procedimento usado por Proust.

Escolho dois exemplos nas obras referidas acima: o primeiro, de "Un matrimonio in provincia", quando a menina pensa que, afinal, de tanta espera e desencontro, "sem nada de cor-de-rosa", poderia resultar não apenas melancolia ou desilusão, mas "uma estranha, amarga, áspera e cinzenta alegria"; o segundo exemplo é a enumeração ternária das palavras finais de *Caro Michele*:

> [...] *porque nos consolamos com nada quando não temos mais nada, e até mesmo ter visto naquela cozinha aquela blusa esfarrapada que não recolhi foi para mim um estranho, gélido, desolado consolo* (p. 154).

A enumeração de sentidos opostos, mosaico de várias tomadas de diferentes ângulos, sublinha contradições e complexidades, fazendo com que personagens e situações girem mostrando diferentes faces, técnica propriamente pictural transposta à literatura. De qualquer modo, tudo isso sugere que muitos segredos se escondem entre as linhas claras da ficção de Natalia. Além disso, essa adjetivação retesa os textos, aponta para o fato de se equilibrarem com pouca estabilidade entre concretude e abstração, banhados sempre naquela luz "desabitada" que ela um dia surpreendeu nas páginas de Calvino.[20] A composição ainda sugere o curto-circuito repentino que faz conviver, mesmo por instantes, a desolação com uma divertida e, às vezes, dilacerante comicidade, lição aprendida sem dúvida, e mais uma vez, com Tchekhov.

Caro Michele servirá de ponto de apoio para essas considerações, pois de fato o livro possui uma estrutura baseada no paralelismo e no contraponto, suportes do texto teatral, conforme se sabe. Esse procedimento percorre todos os níveis,

19 D. Scarpa, op. cit., p. 206.

20 Cf. N. Ginzburg, "O sol e a lua: recordando Italo Calvino", in *Ficções 5*, trad. Augusto Massi. Rio de Janeiro: 7 Letras, s.d., p. 74.

da arrumação dos adjetivos à estrutura maior da obra; do sentido das cores ao uso das roupas para um estudo de caráter,[21] esclarecido também pelas alusões literárias a Proust, Baudelaire etc.

Mas o livro é também um livro-encruzilhada, em que muitos caminhos vindos dos outros romances se cruzam e se aprofundam,[22] em que a nostalgia de muitos poemas de Natalia se congelam, retardando o movimento dos tempos incessantemente cruzados à volta de um ponto cego ou vazio: Michele. Pois, apesar de ocupar o título do livro, não se trata de um protagonista. Não há mesmo protagonistas no livro. Digamos que Michele seja uma espécie de modelo radical de desenraizamento, deslizando por uma sociedade de valores rompidos e laços desfeitos.

O livro é datado entre finais de novembro de 1970 (a segunda carta de Adriana a seu filho Michele traz a data de 2 de dezembro de 1970) e setembro de 1971. Justo em dezembro de 1970 há uma tentativa de golpe de Estado na Itália, liderada por Valerio Borghese, membro da antiga nobreza romana e chefe do Motobarca Armata Silurante (X MAS), corpo especial de militares da Marinha da República de Saló durante a guerra. Frente a tal ameaça, a resistência antifacista se une, intelectuais, operários, classe média, juventude. São descobertas as ligações da direita italiana com os governos da Espanha, de Portugal e da Grécia. O golpe é neutralizado, mas em dezembro de 1971, três meses depois do assassinato de Michele numa passeata em Bruges, o Movimento Sociale Italiano (MSI), partido que agrupa os fascistas na Itália, registrou um avanço considerável no número de votos nas eleições locais, sobretudo em Roma e na Sicília.

21 É mesmo didático comparar o narcisismo e o apego ao dinheiro de Viola, sempre vestindo-se impecavelmente, com a generosidade de Angelica, indiferente à própria aparência. Em compensação, a displicência de muitos personagens quanto ao estado das suas roupas, a limpeza etc., coincide com a indiferença e irresponsabilidade em relação aos demais, trocando nomes e esquecendo objetos (ao fugir, Michele esquece uma metralhadora no porão, mata uma freira por atropelamento, o pai esquece os originais do romance de Matilde num bar etc.).

22 O título de seu primeiro texto publicado, aos dezessete anos, *Un'assenza* [*Uma ausência*] se projeta no título *Caro Michele*, organizado realmente ao redor de uma ausência.

Caro Michele, assim, está encurralado entre uma tentativa de golpe e a vitória dos fascistas, ou seja, o livro erra pela "selva obscura" da degradação neocapitalista, como afirmou Pasolini-Dante em *Divina mimesis*.[23]

Esses dados nos levam a perceber que, na obra de Natalia, a violência surda que transpira das páginas, desnudando os personagens a chicote, deseja ser fiel à catástrofe, exemplificando o modo segundo o qual a violência política replica na sociedade civil e na violência familiar, fazendo desta um modelo de repetição daquela. Essa é a alma ardente do livro.

Quanto aos dados externos, eles podem ser resumidos assim: dentre seus quarenta e dois capítulos, apenas cinco não contêm cartas e sim, diálogos, com a presença discreta de um narrador, que fornece ao leitor pontos de apoio para a compreensão da trama; esta vem marcada pelo uso do tom quase sempre baixo, na cadência do "baixo contínuo do *gossip*", como interpreta Montale, numa resenha a *Léxico familiar*,[24] o que nos faz lembrar a "fisiologia da tagarelice", em que Benjamim vê a fórmula da ficção de Proust.[25]

Os personagens se dividem em dois grupos que mantêm relação entre si, sublinhada pela classe ou pela posse ou não de dinheiro. Do primeiro grupo fazem parte familiares da burguesia intelectual romana: Adriana, a mãe, 43 anos, deprimida pelo abandono de Filippo por uma mulher mais nova; seu ex-marido, pai de seus cinco filhos, dos quais os mais importantes na história são Michele e Angelica, e esta sempre pronta a ajudar os parentes; ao grupo também pertence Matilde, cunhada de Adriana, que escreveu o romance *Polenta e veneno*, do qual nada sabemos a não ser a discussão a respeito da capa e o pouco-caso dos personagens, que sempre o mencionam como *Polenta e vinho*, *Polenta e castanhas*. Embora não pertença à família, Ada, definida como "rica", deve ser incluída aqui, movida por uma obsessiva atividade que se alimenta

23 Pasolini começou o livro em 1963 e o deixou inacabado em 1975, ano de seu assassinato. Cf. Pier Paolo Pasolini, *Diálogo com Pasolini – Escritos (1957-1984)*, trad. Nordana Benetazzo, intr. Gian Carlo Ferretti. São Paulo: Instituto Cultural Ítalo-Brasileiro, 1986.

24 E. Montale, in N. Ginzburg, *È difficile parlare di sé*, op. cit., p. 134.

25 W. Benjamin, *Obras escolhidas*, op. cit., p. 41.

dela mesma, para preencher talvez o próprio vazio; atende a todos, com vagas intenções filantrópicas, e é ex-mulher de Osvaldo, amigo de Michele. Ambos são considerados homossexuais de maneira suspeita e preconceituosa pela maioria dos personagens.

Ao segundo grupo pertence Mara, jovem desorientada da classe popular, com um bebê de pai desconhecido, que se sente diminuída pelos intelectuais, suspeitando que eles a julguem como "uma puta de alto bordo", palavras lidas por ela num romance policial. Podemos ainda incluir aqui as várias empregadas, ora apagadas, ora reclamando do quarto, e Osvaldo, que se define como "pobre", embora talvez seja o único que identifica o que sente, é fiel aos próprios afetos e testemunha discreta e solidária das desventuras dos amigos, também funciona como uma espécie de *raisonneur*, que no último capítulo emite sua avaliação sobre ocorrências e personagens.

Não por acaso, os dois capítulos centrais do livro, o dezenove e o vinte, com a correspondência de Michele e Osvaldo, expõem minuciosamente o caráter de um e de outro e a intencionalidade implacável do texto de Natalia Ginzburg.

Vejamos: Michele participa seu próximo casamento, em Leeds, com uma mulher "mais feia que Ada", porém muito inteligente, e ele "venera a inteligência". Em agradecimento a todos os favores recebidos do amigo, oferece-lhe um cachecol com listras azuis, "belíssimo, de *cashmere* verdadeiro" que lhe pertence ("presente do meu pai") e que está no porão onde morava em Roma, arranjado aliás pelo próprio Osvaldo com a intermediação de Ada:

> *Não esqueci as nossas longas caminhadas à beira do Tibre, indo e vindo ao pôr do sol* (p. 92).

A resposta de Osvaldo, reafirmando o valor da memória, toca numa questão crucial do livro, ao explicar que não encontrara o cachecol e, por isso, havia comprado outro, nem mesmo de *cashmere* e, além disso, de outra cor:

> [...] *um simples cachecol branco. Uso e imagino que é o seu. Percebo que é um substituto. Todos nós vivemos de substitutos* (p. 93).

Não é por acaso – e isso mereceria comentários mais longos – que Osvaldo envia ao amigo, como presente de casamento, uma edição de *Les Fleurs du mal*, de Baudelaire, "encadernada em marroquim vermelho".

Ainda em relação a metáforas e personagens, não importa a classe a que pertençam nem a que motivos obedeçam, todos se deslocam repetidas vezes, viajando ou mudando constantemente de casa, numa Roma mapeada com detalhes em suas ruas, praças e cafés; alguns, porque não têm para onde ir e dependem dos outros, como Mara, que vive com seu bebê ao deus-dará, outros, fugindo da perseguição política, como Michele, que perambula por Londres, Sussex e Leeds, vindo a ser assassinado na Bélgica numa passeata; ou ainda se deslocam ajudando uns e outros, como Angelica, Osvaldo e Ada, esta em geral atendendo aos pedidos do ex-marido. Essa dispersão eterna, mais ou menos vazia, às vezes incoerente – na verdade eles não vão a lugar algum – constrói a metáfora da viagem[26] como fulcro do livro, amarrando contrastes e paralelismos, até invadir também a esfera da memória:[27]

> *Quando à saudade vem misturar-se a repulsa, o que então acontece é que vemos situados a uma grande distância os lugares e as pessoas que amamos, e os caminhos para chegar até eles parecem-nos interrompidos e impraticáveis* (p. 115).

> [...] *lembro-me dele em mil momentos, e os caminhos que me levam à sua pessoa na memória são inúmeros* [...] (p. 101).

> [...] *ao morrer, talvez ele tenha conhecido e percorrido num relance todos os caminhos da memória, e esse pensamento é para mim um consolo* [...] (p. 154).

26 O tema da viagem, heroica e imprescindível nas epopeias, é aqui degradado e transformado em metáfora vazia.

27 Cf. Luciana Marchionne Picchione. *Natalia Ginzburg*. Florença: La Nuova Italia, 1978, p. 76.

Mas, à semelhança dos demais livros de Ginzburg, a mera descrição do enredo de *Caro Michele* não nos leva muito longe, pois alusões e pulsações ultrapassam os limites do que é escrito. É o que acontece com as canções revolucionárias que às vezes soam no texto e apontam, sem mais palavras, para um tempo de luta antifascista efetiva, em relação à qual se completa o perfil dos personagens. Nesse aspecto, o retrato do pai de Michele é exemplar. Seu mau humor, suas fantasias compensatórias, realizadas porque tem dinheiro, como a torre à beira-mar comprada especialmente para o filho, sua condição de pintor não reconhecido (pinta *assemblages* que, em certo sentido, podem repetir a dissociação encontrada em *Caro Michele*) – todos esses traços ganham outra possibilidade de compreensão quando sabemos que no passado ele costumava cantar *Ay, Carmela,* a canção dos republicanos na Guerra Civil Espanhola (1936-39), enquanto pintava.

Percebemos, então, que se trata com certeza de um antifascista certamente frustrado, cujo nome nem ao menos nos é dito, descrito de maneira contraditória pela ex-mulher como "velha pantera cansada"[28] e como "estranho e genial", e cuja irritabilidade de *senex iratus* se transfere à pintura, criando situações às vezes cômicas. Por exemplo, porque o genro Oreste, segundo ele "um pedante, um moralista", faz observações equivocadas sobre Cézanne, cortou relações, afirmando à ex-mulher que Oreste não passava de "uma rã", como ousava criticar Cézanne?

Por meio dele e da canção nos reportamos a um outro momento do passado, quando a família estava unida – eles se mostram enternecidos quando se lembram disso – e quando havia ainda esperanças de transformação política.

> *Angelica lembrou de repente uma canção que o pai costumava cantar enquanto pintava. Era uma lembrança de infância, porque havia muitos anos não estava presente quando ele pintava.* "Non avemo ni canones,/ ni tanks ni aviones, / oi, Carmelà!"

28 Os animais e as metáforas ou comparações com animais mereceriam comentários à parte, à semelhança do que acontece em N. Ginsburg, *Família* [1977], trad. Joana Angélica d'Ávila Melo. Rio de Janeiro: José Olympio, 2003.

> *Perguntou-lhe se, pintando, ainda costumava cantar* "Oi, Carmelà!". *De repente, ele pareceu comovido* (p. 38).

Recordando a cena mais tarde, o pai já morto, Angelica percebe "que tinha o rosto banhado de lágrimas".

A lembrança da mesma canção provoca efeito semelhante nos outros personagens, como vemos na carta de Adriana a Filippo, quando ambos ainda estavam juntos num tempo mais feliz, e foram visitar Michele, adolescente, num *camping* durante as férias. No carro, subitamente o garoto começou a cantar.

> *A canção dizia:* "Non avemo ni canones/ ni tanks ni aviones/ oi, Carmelà". *Você também conhecia a canção e continuou:* "El terror de los fascistas/ rumba/ larumba/ larumba/ là". *Posso parecer boba, escrevi esta carta para lhe agradecer por ter cantado com Michele naquele dia* [...] (p. 145).

Em contraste com o tempo da canção, a depressão política ocupa todos os espaços como um gás que sufoca e cega os personagens, já muito afastados de si próprios, impregnados em grande parte pela violência social, com padrões de relacionamento muito transformados para que possam entender o que vivem. Eles se debatem em situações sem saída, e seu achatamento subjetivo faz com que só possam falar sobre o sentido do passado ou da vida por meio de discursos com grandes frases estereotipadas e já escritas, teatro à disposição de qualquer ator. Os exemplos são muitos e funcionam também como entremeios para neutralizar qualquer possível escorregadela na sentimentalidade.

> *Mando-lhe um abraço e votos de felicidade, admitindo que a felicidade exista, coisa que não deve ser de todo excluída, ainda que raramente vejamos traços dela no mundo que nos foi oferecido.*
>
> *Sua mãe* (p. 96).

Desejo-lhe todo o bem possível e espero que você seja feliz, admitindo que a felicidade exista. Eu não acredito que exista, mas os outros acreditam, e ninguém disse que os outros não têm razão.

O pelicano (p. 114).[29]

Como vemos, os personagens não são os mesmos, e as palavras de ambos radicalizam a alternância dos termos na acepção de Montale, pois a amargura sentida como pessoal pode vir de um contexto "armado até os dentes", repetindo-se como bordão, em meio a fórmulas petrificadas da literatura epistolar. Essa alternância e a denúncia da impessoalidade, em circunstâncias em que se deseja ser o mais pessoal possível – situação também contemporânea –, criam a ironia e o humor do texto, outra maneira de neutralizar o patético, sempre à espreita.

Para terminar, podemos voltar à epígrafe de Benjamin: qual o sal desse texto? E o que desejaríamos "conservar" dele?

Creio que a clareza reticente[30] do trabalho de Ginzburg, sua maneira implícita de narrar, exige que o leitor persiga a isca das alusões, a fim de compreender a complexidade e a desordem do horror que se vive em determinadas épocas, ou de isolar as várias linhas de que é feito um texto. Dessa forma, sem dúvida democrática, como querem alguns críticos, Natalia convida o leitor a prolongar as narrativas mergulhando nelas, mas sem deixar de respeitar as regras do jogo, com as cartas da intencionalidade que ela coloca em nossas mãos.

Do ponto de vista do gênero ou da construção, *Caro Michele* proíbe definições peremptórias, e a resposta escaparia como a verdade, que segundo a autora, "salta de um ponto a outro, foge e desliza na sombra como um peixe ou um rato".[31]

29 Trata-se do editor Colarosa, amigo de Ada, que publicou *Polenta e veneno* as expensas de Adriana. Por algum tempo foi amante de Mara, que o batizou de Pelicano por ter um nariz descomunal.

30 D. Scarpa, op. cit., p. 205, observa que essa "clareza reticente" se choca com a "clareza pletórica" de Mussolini, à época em que Natalia começou a escrever.

31 N. Ginzburg, "Da pietà universale", in *Mai devi domandarmi*, apud Luciana Marchionne Picchione, op. cit., p. 4.

Trata-se de uma narrativa epistolar *sui generis*, com várias alusões e buracos, e que jamais se aproxima da simplicidade do realismo convencional. É muito teatral, embora as falas sejam apenas escritas e não proferidas. O narrador usa vários procedimentos para fazer com que os personagens se revelem no avesso do que são, ou no avesso do que pensam que são, exibindo a alienação em que vivem em um nível quase absurdo.

Não podemos deixar de sorrir quando alguns personagens da classe ilustrada se referem ou pedem livros para ler, porque sabemos que não o farão. Em plena correria revolucionária, Michele pede com urgência à mãe e à irmã dois livros: *A crítica da razão pura* e *Os prolegômenos*, de Kant; Adriana diz que vai ler os *Pensamentos*, de Pascal, mas não o faz. E, escandalosamente, comentando as leituras de Osvaldo em voz alta para Adriana e para a filhinha de Angelica, afirma a primeira:

> *Ele também deve ter se habituado a passar suas noitadas nesta casa, jogando pingue-pongue com as gêmeas e lendo Proust em voz alta para Matilde e para mim. Quando não vem aqui, vai à casa da Angelica e do Oreste, onde faz as mesmas coisas, mas com ligeiras diferenças, por exemplo, lê o* Pato Donald *para a menina e joga tômbola com Oreste* [...] (p. 123).

O rebaixamento sistemático operado pelo livro não permite que haja diferença substancial entre Proust e o *Pato Donald*, porque o ato aqui é observado apenas do lado de fora pela personagem.

Assim, podemos dizer com certeza que procedimentos narrativos muito comuns na literatura (a alusão, a ironia, a citação, o espelho deformador no interior do texto etc.) comparecem para ser desmanchados. E que a grande investigação do livro se faz em relação às consequências da ilegitimidade do poder político, que aliena e emburrece os homens em todos os sentidos, e replica no poder familiar, assinalando o momento em que a própria família muda de rosto. Basta-nos examinar a relação mantida com os serviçais e a condescendência, com algum desprezo, em relação a Mara – com nome de histórias em quadrinhos, diz Angelica – e a Matilde, cunhada-agregada – era má financista – cujo livro, *Polenta e veneno*, jamais é citado corretamente pelos outros personagens. A capa havia sido desenhada pela própria autora, com torrões de terra, sol e uma pá, "parecia um cartaz do PSI", dizem todos – e todos podemos calcular a ingenuidade e a simplicidade de seu teor, como se a obrinha fosse uma face tosca do próprio *Caro Michele*.

Talvez Osvaldo, no tristíssimo capítulo final, encontre uma resposta ou convite para entendermos o livro como esforço de reflexão e projeto de conhecimento, no qual a memória desempenha um papel decisivo:

> *Os rapazes de hoje não têm memória e, sobretudo, não a cultivam* [...] *Entre os que cultivam as lembranças talvez ainda estejamos você, sua mãe e eu* [...] *porque na nossa vida atual não há nada que valha os lugares e os instantes encontrados durante o percurso. Enquanto eu vivia ou via esses instantes ou esses lugares, eles tinham um esplendor extraordinário, mas por eu saber que me dedicaria a recordá-los* (p. 153).

Ele está escrevendo a Angelica e descreve a última casa onde Michele morou, em Leeds. Está à venda e vazia, salvo por alguns objetos esquecidos, como a blusa de Michele pendurada como pano de chão numa vassoura. Ele hesita, mas não a recolhe:

> *Creio que não adianta nada guardar os objetos dos mortos quando foram usados por desconhecidos e a sua identidade evaporou-se* (p. 153).

Nesse momento, percebemos que Natalia pede que enterremos nossos mortos e, num relance, compreendemos que existe também no livro um desejo talvez de alegria e uma compreensão realista de felicidade. Não aquela encharcada de mel, como ela desejava na infância, mas a que vem misturada com o entulho do que se vive, existindo apenas por momentos, "uma felicidade de nada"; ou então a que surge enviesada, como no último dia em que Adriana viu o filho vivo, zanzando pela casa para levar algumas coisas para seu porão, onde conspirava e pintava quadros cheios de abutres, corujas e casas em ruínas. Ela ia atrás dele se queixando de que ele sempre carregava os objetos dela, e as palavras trocadas eram como sempre "palavras cinzentas, gentis, flutuantes, inúteis":

> *Penso agora que esse era um dia feliz. Mas, infelizmente, é raro reconhecer os momentos felizes enquanto estamos passando por eles* [...] *Para mim a felicidade estava em protestar e para você em vasculhar os meus armários* [...] *Porém, eu agora lembrarei esse dia não como um vago dia feliz, e sim como um dia verdadeiro e essencial para mim e para você, destinado a iluminar a sua e a minha pessoa* [...] (p. 124-25).

Este é o sal deste livro.

VILMA ARÊAS

Sugestões de leitura

FICÇÃO

La strada che va in città. [Pseudônimo: Alessandra Tornimparte]. Turim: Einaudi, 1942.

È stato così, prefácio de Cesare Garboli e contribuição de Italo Calvino. Turim: Einaudi, 1947.

Tutti i nostri ieri. Turim: Einaudi, 1952.

Valentino. Turim: Einaudi, 1957.

Le voci della sera, introdução de Italo Calvino. Turim: Einaudi, 1961.

Lessico famigliare. Turim: Einaudi, 1963.

Caro Michele, prefácio de Cesare Garboli. Milão: Mondadori, 1973.

Sagittario. Turim: Einaudi, 1975.

Famiglia (*Famiglia* e *Borghesia*). Turim: Einaudi, 1977.

La famiglia Manzoni. Turim: Einaudi, 1983.

La città e la casa. Turim: Einaudi, 1984.

TEATRO

Ti ho sposato per allegria e altre commedie. Turim: Einaudi, 1968.

Tutto il teatro, in Domenico Scarpa (org.), (comédias escritas entre 1965 e 1991:

"Ti ho sposato per allegria", "L'inserzione", "Fragola e panna", "La segretaria", "L'intervista", "La poltrona", "Dialogo", "Paese di mare", "La porta sbagliata", "La parrucca" e "Il comorano"). Turim: Einaudi, col. Supercoralli, 1990.

ENSAIOS

[Prefácio] L. N. Tolstói. *Anna Karenina*. Turim: Einaudi, 1945.

F. M. Dostoiévski. *Delitto e castigo*. Turim: Einaudi, 1947.

L. N. Tolstói. *Resurrezione*. Turim: Einaudi, 1974.

Le piccole virtù. Turim: Einaudi, 1962.

Mai devi domandarmi. Milão: Garzanti, 1970.

Vita immaginaria. Milão: Mondadori, 1974.

A. Tchekhov. Vita attraverso le lettere [ensaio biográfico e seleção de textos]. Turim: Einaudi "Gli Struzzi" 366, 1989, XIII–LIV.

Serena Cruz o la vera giustizia. Turim: Einaudi, 1990.

Non possiamo saperlo, org. e posfácio de Domenico Scarpa. Turim: Einaudi, 2001.

OBRAS ADAPTADAS PARA O CINEMA

Ti ho sposato per allegria [Luciano Salce, 1967]

Tereza [Gérard Vergez, 1970]

Tereza [Oscar Fritz Schuh, 1971, TV]

Caro Michele [Mario Monicelli, 1976]

Valentino [Maurizio Ponzi, 1983, TV]

La mère [Caroline Bottaro, 1995, curta]

Las voces de la noce [Salvador García Ruiz, 2003]

ATUAÇÃO CINEMATOGRÁFICA

Il vangelo secondo Matteo [*O evangelho segundo São Mateus*, Pier Paolo Pasolini, 1964], personagem Mary of Bethania.

DEPOIMENTOS E ENTREVISTAS

BALDINI, Raffaello. "Questo mondo non mi piace". *Panorama*, 3 mai. 1973.

BOBBIO, Norberto. "Ricordo di Natalia Ginzburg". *Nuova Antologia*, 1991.

CANCOGNI, Manlio. "L'ho sposata per obbligo". *La Fiera Letteraria*, 20 jun. 1968.

CAVALLI, Ennio. "Capisco solo la poesia". *La Fiera Letteraria*, 30 mar. 1975.

CESARE, Salvi. "Io disimpegnata". *Il Manifesto*, 26 mai. 1983.

_______. "Colloquio con Giulio Einaudi". Roma/ Nápoles: Teoria, 1991.

EINAUDI, Giulio. *Frammenti di memoria*. Milão: Rizzoli, 1988.

ERBANI, Francesco. "Parlo solo delle poche cose che conosco". *Corriere di Firenze*, 13 mai. 1986.

FOA, Vittorio. *Il cavallo e la torre. Riflessioni su una vita*. Turim: Einaudi, 1991.

GARBOLI, Cesare. "Genitori e figli" [conversa com Natalia Ginzburg]. *La Repubblica*, 1° mar. 1990, publicada in C. Garboli, *Ricordi tristi e civili*. Turim: Einaudi, 2001.

GINZBURG, Natalia. *È difficile parlare di sé*, in Cesare Garboli, Lisa Ginzburg e Marino Sibaldi (org.). (Entrevista à Radio 3, primavera de 1991). Turim: Einaudi, 1999.

GNOLI, Antonio. "Sulla famiglia. Terzo atto". *Il Mattino*, 3 jan. 1985.

MARTINOLI, Gino. *Un secolo da non dimenticare*. Milão: Mondadori, 1996.

TORNABUONI, Lietta. "Ginzburg, così ho visto 'La Storia' in TV". *La Stampa*, 7 nov. 1986.

BRASIL

Caro Michele, trad. Federico Mengozzi. São Paulo: Paz e Terra, 1986.

Todas as nossas lembranças, trad. Maria Betânia Amoroso. São Paulo: Art Editora, 1986.

Léxico familiar, trad. Homero Freitas de Andrade. São Paulo: Paz e Terra, 1988.

O caminho que leva à cidade, trad. Denise Tornimparte. São Paulo: Primeira Edição, 1998.

Foi assim, trad. Édson Roberto Bogas Garcia, ilustrações Paulo Pasta. São Paulo: Berlendis & Vertecchia, 2001.

Família, trad. Joana Angélica d'Avila Melo. Rio de Janeiro: José Olympio, 2003.

SOBRE *CARO MICHELE*

DALLAMANO, Piero. "Storia di Michele", *Paese Sera*, 20 abr. 1973.

DE LUCA, E. "Ma Natalia odiava Michele". *Corriere della Sera*, 18 jan. 1995.

KLOBAS, L. "Ritorna il cicaleccio tra il caro Michele e una gelida famiglia". *Il Piccolo*, 4 abr. 1995.

MARABINI, Claudio. "Il più recente romanzo di Natalia Ginzburg". *Il Resto del Carlino*, 4 jul. 1973.

_______. "La voce delle cose vere". *Il Tempo*, Roma, XLVIII, 256, 9 out. 1991.

MAZZOLENI, Filiberto. "Il 'lessico' unico e irripetibile del'affetto", *L' Osservatore Romano*, 5 abr. 1995.

MONDO, Lorenzo. "Un romanzo di Natalia Ginzburg. *Caro Michele*". *La Stampa*, Turim, CVII, 94, 20 abr. 1973.

PORZIO, Domenico. "Natalia Ginzburg: *Vita immaginaria*". *Panorama*, 26 abr. 1973.

SCARABICCHI, Francesco. "*Caro Michele*: sullo schermo un cupo 'teatro di perdenti'", *Corriere Adriatico*, Ancona, 26 set. 1976.

SICILIANO, Enzo. "Per lei la vita non ha segreti", *Il Mondo*, 10 mai. 1973.

SPINAZZOLA, Vittorio. "Michele e i 'cani sciolti'", *L'Unità*, 5 jul. 1973.

SOBRE A AUTORA

LIVROS, ENSAIOS, ARTIGOS E RESENHAS

ANTONICELLI, Franco. "Mondo senza presente". *Il Nuovo Corriere*, 16 mai. 1953.

_______. "Le voci della sera". *Radiocorriere*, Turim, 15-21 out. 1961.

_______. "Natalia Ginzburg sulla tela dei ricordi dà vita di poesia al suo mondo torinese". *La Stampa*, 27 mar. 1963.

BARBERI SQUAROTTI, Giorgio. "Per Natalia Ginzburg la vita è un lessico tragico". *Tuttolibri*, 12 abr. 1986.

BO, Carlo. "Le piccole virtù ignorano la moda e il guardaroba". *L'Europeo*, 3 fev. 1963.

_______. "L'osservatorio della Ginzburg". *Corriere della Sera*, 2 jan. 1975.

_______. "Una famiglia milanese de 'tempo perduto'". *Corriere della Sera*, 13 fev. 1983.

BOBBIO, Norberto. "Ricordo di Natalia Ginzburg". *Nuova Antologia*, 1991.

BORRI, Giancarlo. *Natalia Ginzburg*. Rimini: Luise, 1999.

BULLOCK, Alan. "Maternità e infanzia nell'opera di Natalia Ginzburg". *Critica Letteraria*, VII 1979.

CALVINO, Italo. "Natalia Ginzburg, *È Stato così*". *Eco del Lavoro*, Cremona, 28 nov. 1947.

_______. "Natalia Ginzburg o la possibilità del romanzo borghese". *L'Europa Letteraria*, Roma, II, 9-10, jun.-ago. 1961.

CITATI, Pietro. "Corrado Alvaro et Natalia Ginzburg". *Journal de Genève*, 27 abr. 1953.

_______. *Belgafor*, 31 mai. 1953.

_______. "Il mondo di Natalia Ginzburg". *Il Punto*, 24 ago. 1957.

_______. "Nessuno ha compreso come la Ginzburg il senso della famiglia". *Il Giorno*, 19 dez. 1962.

CLEMENTELLI, Elena. *Invito alla lettura di Natalia Ginzburg*. Milão: Mursia, [1972, 1973, 1974] 1977.

CONTORBIA, F. "Quella poesia in ricordo del marito". *Tuttolibri*, 12 abr. 1986.

G. CORSINOVI *et al*. *Natalia Ginzburg: La narratrice e i suoi testi*. Roma: La Nuova Italia Scientifica, 1986.

G. IOLI e BARBERIS (org.). *Natalia Ginzburg: La casa, la città, la storia* [atas do congresso internacional de San Salvatore Monferrato, com escritos de G. Ioli *et. al*.]. Monferrato: San Salvatore, 1996.

GARBOLI, Cesare. *Il Giorno*, 2 dez. 1970.

_______. *Il Mondo*, Roma, 2 fev. 1972.

_______. "Fascino discreto del disordine". *Corriere della Sera*, 11 dez. 1977.

_______. "Serena in carriera". *L'Indice del Libri del Mese*, mai. 1990, e editada com o título "Serena Cruz", in Garboli, *Ricordi tristi e civili*. Turim: Einaudi, 2001.

JEANNET, Angela M. e KATZ, Giuliana Sanguineti (org.). *Natalia Ginzburg: A Voice of the Twentieth Century*. Toronto: University of Toronto Press, 2000.

LOY, Rosetta. "In casa Ginzburg tra libri e sigarette". *La Repubblica*, 8 out. 1992.

LUCAMANTE, Stefania. "L'incubo della famiglia. Alcune considerazioni sulla narrativa di Natalia Ginzburg". *Italian Culture*, n. 13, 1995.

MARABINI, Claudio. "Due gemme di Natalia". *Il Resto del Carlino*, 29 dez. 1977.

MAZZOLENI, Filiberto. "La famiglia della narrative di Natalia Ginzburg". *Silarus*, n. 182, 1995.

MONDO, Lorenzo. "I Ginzburg ebbero la storia in salotto". *Gazzetta del Popolo*, Turim, 17 abr. 1963.

______. "Colore Ginzburg". *La Stampa*, 4 jan. 1985.

MONTALE, Eugenio. "Vite quasi inutili". *Corriere della Sera*, 20 jun. 1961.

______. "'*Lessico famigliare*' crudele con dolcezza". *Corriere della Sera*, 7 jul. 1963.

ORENGO, Nico. "Ginzburg: la casa è il rifugio di vite stracciate". *Tuttolibri*, 8 dez. 1984.

PAMPALONI, Geno. *L'Approdo*. Roma, out.-dez. 1952.

______. "Il timbro giusto". *Corriere della Sera*, 29 nov. 1970.

PANOFSKY, Gianna. "Il teatro di Natalia Ginzburg come testo di lingua straniera". *Italica*, n. 47, 1970.

PFLUG, Mara. *Natalia Ginzburg, arditamente timida. Una biografia*. Milão: La Tartaruga, 1997.

PICCHIONE, Luciana Marchionne. *Natalia Ginzburg*. Florença: La Nuova Itália, 1978.

QUARSITI, Maria Luisa. *Natalia Ginzburg*: *bibliografia 1934-1992*, Fondazione Luciano Bianciardi, n. 3. Florença: Giunti Gruppo Editoriale, 1996.

RABONI, Giovanni. "L'innocenza di Natalia". *Tuttolibri*, 24 dez. 1977.

RAGO, Michele. *L'Unità*, 27 ago. 1961.

______. "Le 'Virtù' di Natalia Ginzburg". *L'Unità*, Roma, 19 dez. 1962.

______. "Una famiglia antifascista". *L'Unità*, 10 abr. 1963.

SALINARI, Carlo. "Un romanzo chiamato Ginzburg". *Vie Nuove*, Milão, 18 abr. 1963.

______. "'L'amorosa memoria' di Natalia Ginzburg". *L'Unità*, 14 mar. 1965.

SICILIANO, Enzo. "Natalia Ginzburg, il caso, la poesia". *Paragone*, XXII, n. 252, 1971.

______. "Per lei la vita non ha segreti". *Il Mondo*, 10 mai. 1973.

______. "A lei piace la verità". *Il Mondo*, 5 dez. 1974.

______. "Ci arrivano lettere da una vita a schegge". *Corriere della Sera*, 22 dez. 1984.

SPAGNOLETTI, Giacinto. "Natalia Ginzburg". *Belfagor*, XXXIX, n. 1, 1984.

ZUCARO, Domenico. "Un '*Gattopardo*' della Torino clandestina". *Avanti*, 25 abr. 1963.

BRASIL

ARÊAS, Vilma. "Conforme a técnica dos pássaros". *Jornal do Brasil*, Ideias & Livros, 2 dez. 1989.

_______. "Caminhos de Natalia". *Folha de S.Paulo*, Jornal de Resenhas, n. 58, 8 jan. 2000.

KAPLAN, Sheila. "Desconcertante sinceridade na vida em família". *O Globo*, 9 nov. 1986.

TEIXEIRA, Luciano Trigo. "Com prazer". *Jornal do Brasil*, 25 out. 1986.

MENGOZZI, Federico. "Tudo em família, numa ficção real". *Il Corriere*, 19 set. 1988.

WYLER, Vivian. "Crônica das cinzas" [*Todas as nossas lembranças*]. *Jornal do Brasil*, 28 fev. 1987.

FOTOS: p. 2: Natalia Ginzburg, em Viareggio (LU), 1990. © Effigie/ OtherImages; pp. 158 e 178: Natalia Ginzburg, primeiros anos de 1960, e c. 1965. Acervo Carlo Ginzburg.

Coordenação editorial Maria Helena Arrigucci
Projeto gráfico da coleção Luciana Facchini
Capa e composição Gabriela Castro
Preparação Maurício Santana Dias e Laura Rivas Gagliardi
Revisão Maria Fernanda Alvares e Raul Drewnick
Tratamento de imagem Wagner Fernandes
Produção gráfica Aline Valli

Nesta edição, respeitou-se o novo Acordo Ortográfico da Língua Portuguesa

Dados Internacionais de Catalogação na Publicação (CIP)
(Câmara Brasileira do Livro, SP, Brasil)

Ginzburg, Natalia [1916-1991]
Caro Michele: Natalia Ginzburg
Título original: *Caro Michele*
Tradução: Homero Freitas de Andrade
Posfácio: Vilma Arêas
São Paulo: Cosac Naify, 2009
192 pp., 3 ils.

ISBN 978-85-7503-704-1

1. Ficção italiana I. Título.

09-00440 CDD-853

Índices para catálogo sistemático:
1. Ficção: Literatura italiana 853

COSAC NAIFY
Rua General Jardim, 770, 2º andar
01223-010 São Paulo SP
Tel [55 11] 3218 1444
www.cosacnaify.com.br

Atendimento ao professor [55 11] 3218 1473

"Obra publicada com a contribuição do Ministério das Relações Exteriores da Itália".

Coleção Mulheres Modernistas

Virginia Woolf *Contos completos*

Katherine Mansfield *Contos*

Karen Blixen *A fazenda africana*

Karen Blixen *Anedotas do destino*

Marguerite Duras *O homem sentado no corredor* e *A doença da morte*

Karen Blixen *Sete narrativas góticas*

Marguerite Duras *O amante*

Flannery O'Connor *Contos completos*

Gertrude Stein *Três vidas*

Gertrude Stein *A autobiografia de Alice B. Toklas*

Natalia Ginzburg *Léxico familiar*

fonte Nofret

papel Pólen soft 80 g/m²

impressão Geográfica

tiragem 3000